토마스와 앤더스의 업그레이드 된
착한 기초영어 회화
Pure and Simple English UPgrade

토마스와 앤더스의 업그레이드 된
착한 기초영어 회화

Pure and Simple English UPgrade

초판 1쇄 발행	2018년 3월 30일
초판 3쇄 발행	2021년 3월 15일

저　　자	Thomas & Anders Frederiksen
번　　역	Carl Ahn
발　행　인	안광용(010-4425-1012, carl-ahn@hanmail.net)
발　행　처	㈜진명출판사
등　　록	제10-959호 (1994년 4월 4일)
주　　소	서울시 마포구 양화로 156, 1517호(동교동, LG팰리스빌딩)
전　　화	02) 3143-1336 / FAX 02) 3143-1053
이　메　일	book@jinmyong.com
총괄　이사	김영애
마　케　팅	한지우
교정·교열	황규상
디　자　인	디자인스웨터

ⓒ Thomas & Anders Frederiksen, 2018
ISBN 978-89-8010-489-5

- 잘못된 책은 교환해 드립니다.
- 이 책은 저작권법에 의해 보호를 받는 저작물이므로 무단 전재와 복제를 금합니다.

토마스와 앤더스의 업그레이드 된 *착한 영어 시리즈 10*

착한 기초영어 회화

Pure and Simple English UPgrade

저자 | Thomas & Anders Frederiksen
번역 | Carl Ahn

독자의 요청에 따라 당신의 영어공부와 발음에 도움이 되기 위하여
이 책의 **원어민 저자**와 **원어민 저자의 친구**가 녹음을 했습니다.

Thomas Frederiksen

남자 부분의 녹음은 이 책의 저자이며 착한 영어 시리즈 형제 중의 한 사람인 토마스입니다.
코펜하겐 비즈니스 스쿨 학사, 석사.

드라마 및 영화 배우
EBSlang 기본생활영어 인터넷 강의
eduTV 착한여행영어 강의

Natalie Grant

여자 부분의 녹음은 미국 애리조나주 출신으로 현재 국제관계학의 석사 학위를 가지고 있으며, 서울에서 영어를 가르치고 있는 내털리입니다.

㈜진명출판사 book@jinmyong.com으로 메일을 주시면 mp3파일을 보내드립니다.

착한시리즈(Pure and Simple) 10번째 English UPgrade(기초영어회화)를 출간하며

㈜ 진명출판사
대표이사 안 광 용

열한 번째	Service English
열 번째	(업그레이드 된) 기초영어 회화
아홉 번째	(관용어와 격언의) 미국영어 회화
여덟 번째	(A, B, C부터) 기초영어 첫걸음
일곱 번째	(교재용) 여행영어 회화
여섯 번째	(뉴욕 1년간 생활기록) 생활영어
다섯 번째	(매우 기초적인) 영문법
네 번째	(남미 5개국 여행편) 여행영어일기
세 번째	(한 단어, 두 단어, 세 단어로 이루어진) 1-2-3 쉬운 생활영어
두 번째	(틀린 영문 간판을 찾아라) 영어 파파라치
첫 번째	(포켓판) 여행영어

여행과 영어, 도전, 모험 등 취미가 같은 착한 저자들 Thomas & Anders 형제와 함께 착한 영어 시리즈 10번째 English Upgrade(기초영어회화)를 출간했습니다.

검토해봐 주십시오. 열심히 만들었습니다. 시리즈 중 첫 번째, 세 번째, 여덟 번째는 일본과 중국에 수출했습니다.

이 책 탄생의 주역들인 저자 Thomas & Anders Frederiksen, 번역을 도와주신 인덕대학교 서정희 교수, 교정과 교열을 해주신 황규상 선생님, 녹음을 도와준 Natalie Grant, 디자인을 맡아준 디자인스웨터에게도 감사를 전합니다.

선택해 주신 선생님, 독자분들께 감사합니다.

추천사

Dear Readers, 독자분들께

저는 여러분께 Thomas and Anders의 새로운 책 Pure and Simple English Upgrade(업그레이드 된 착한 기초영어 회화)을 추천할 수 있게 되어 기쁩니다. 제가 이 책을 처음 받았을 때, 독자 중심의 내용을 보고 매우 감명 받았습니다.

이 책은 실생활에 유용한 표현들을 사용하여 차근차근 배우기 쉽게 구성되었습니다. 또한 영어 학습자들이 읽는 동안 흥미를 유지할 수 있도록 다양한 활동이 가득한 것도 매력 포인트입니다.

영어를 배우기 시작하면 얼마나 힘든지 잘 압니다. 아마 배우는 내용이 어려워지면 포기하고 싶어질 거라는 것도요. 하지만 이 책은 여러분이 버틸 수 있게 돕고자 합니다. 이 책이 여러분들에게 영어를 배우기 위해 효과적이면서도 재미있는 조력자가 되기를 바랍니다.

▌ UN 연주 후 반기문 前 총장, 루시아(pianist), 마리아(cellist)와 함께

Violinist Angella Ahn
미국 Montana 주립대 종신교수

경력

미국 Montana 주립대학교 음대 종신교수(Violin, Viola)
미국 50개 주와 한국, 일본, 중국, 러시아 등 35여 개국에서 연주
2017년 시장에 나온 "Blue" 등 9개의 음반(CD) 출시
2011년 Obama 미국 대통령 초청으로 White House에서 연주
2003년 미국 최대부수 잡지인 『People』지의 '아름다운 50人'에 선정됨
1998년 독일 에코 클래식 음반상 수상
1991년 세계적 권위인 콜먼 콩쿠르에서 우승
1987년 미국 『타임』지 Cover Story에 '아시아의 신동'으로 소개됨
줄리어드 음대에서 학사, 석사
언니 Maria(cello), Lucia(piano)와 Ahn Trio로 활동

저자의 말

만약 당신이 외국어 학습을 경험한 적이 있다면, 아마 이 느낌을 아실 것입니다. 아무리 공부해도 초기의 학습 향상 이후에는 계속 같은 단어를 같은 방식으로 되풀이하고 당신의 실력이 나아지고 있다는 걸 전혀 자각 할 수 없을 것입니다. 이 레벨(Level)에서 더 나아갈 수 있을지 아니면 그냥 이 헛된 시도를 그만두어야 할지 고민하기 시작합니다.

우리는 당신의 외국어 실력이 업그레이드가 가능하다고 믿습니다. 당신이 제목에서 볼 수 있듯이 이 책은 업그레이드에 중점을 두고 있습니다. 당신이 외국어를 배울 때 정체기에 머무르는 것은 지극히 당연한 일입니다. 다음 단계로 뛰어 오르기 위해 힘을 비축하는 것일 따름입니다. 이 책은 당신이 알고 있는 걸 바탕으로 좀 더 정확하고 감성적이고 정교하게 업그레이드 하는 것을 도울 것입니다.

이 책은 2016년 출시된 영어 초보자를 위한 '착한 기초영어 첫걸음' 책의 후속편입니다. 기초영어 학습을 마친 학습자들의 이러한 질문들에 응답하기 위해서입니다.

"이 문장을 좀 더 재미있게 말할 수 있을까?"

"어떻게 해야 같은 문장을 되풀이하지 않을 수 있지?"

"이 감정을 표현하기 위해 좀 더 적합한 단어는 없을까?"

당신은 이미 한 단계를 올라갈 수 있는 만큼의 단어와 표현을 알고 있습니다. 한 단계를 올리고 나면 당신의 영어 실력이 만개하는 것을 느낄 수 있을 것입니다. 이 책이 부디 당신의 영어 실력만이 아니라 영어를 배우는 기쁨과 자신감도 업그레이드 할 수 있기를 바랄 따름입니다.

Thomas & Anders 형제가

이 책의 활용법(장점들)

하나 전체 10장에 40과로 된 주 본문, 예문들, 대화체들

주 문장과 업그레이드된 3단계

문법적으로 또는 문맥상으로 설명

앞 페이지와 관련된 예문의 문장들

추가로 단어나 문장 설명

둘 각 장 각 과마다 Examples와 Exercises는 당신의 공부를 반복할 수 있고 암기하게 도와줍니다.

5, 6개의 예문 문장 또는 어휘를 두어 다른 방법으로 공부할 수 있습니다.

각 과마다 개인의 실력을 테스트할 수 있는 문제를 두었고 쉽게 그 과에서 답을 찾을 수 있습니다.

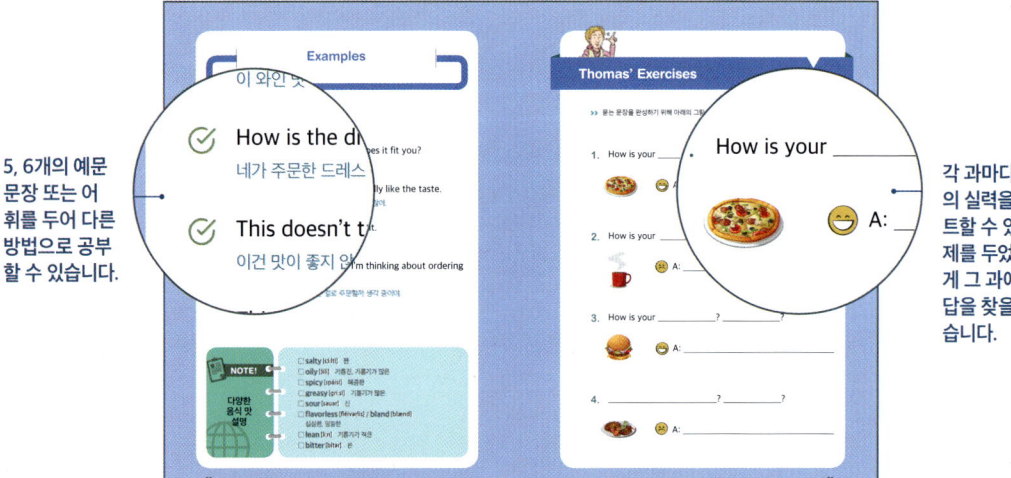

 **셋** 각 장의 Bonus Page는 당신의 영어를 upgrade할 것입니다.

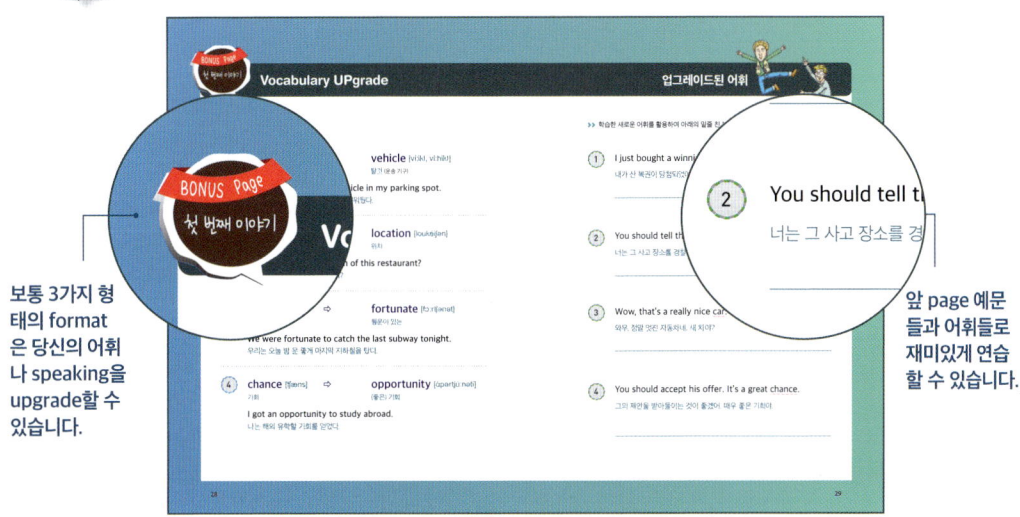

보통 3가지 형태의 format은 당신의 어휘나 speaking을 upgrade할 수 있습니다.

앞 page 예문들과 어휘들로 재미있게 연습할 수 있습니다.

넷 매 chapter 끝에 있는 「정리 학습」과 「이제 네 차례야!」

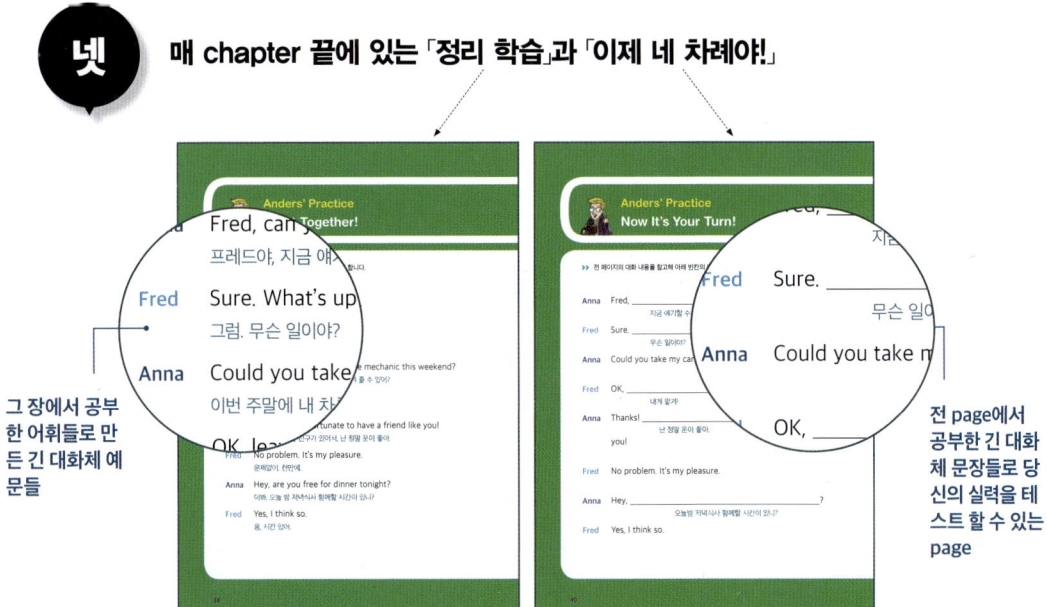

그 장에서 공부한 어휘들로 만든 긴 대화체 예문들

전 page에서 공부한 긴 대화체 문장들로 당신의 실력을 테스트 할 수 있는 page

토마스와 앤더스의 업그레이드 된
착한 기초영어 회화

CHAPTER 01

1장에 나오는 어휘들	18
1.1 Asking about taste 맛에 대해 묻기	20
1.2 Parting with someone 누군가와 헤어지기	24
첫 번째 BONUS PAGE 업그레이드된 어휘	28
1.3 Volunteering to do something 어떤 일을 하려고 자원하기	30
1.4 Asking about availability 시간을 낼 수 있는지에 대해 묻기	34
• **Put It Together!** 정리 학습	38
• **Now It's Your Turn!** 이제 네 차례야!	40

CHAPTER 02

2장에 나오는 어휘들	44
2.1 Asking for directions 길 묻기	46
2.2 Deciding/Asking what to eat 무엇을 먹을지 결정하기/묻기	50
두 번째 BONUS PAGE 업그레이드된 어휘	54
2.3 Asking for the time 시간 묻기	56
2.4 Asking for/Ordering something 물건 요청하기/주문하기	60
• **Put It Together!** 정리 학습	64
• **Now It's Your Turn!** 이제 네 차례야!	66

Pure and Simple English UPgrade

CHAPTER 03	3장에 나오는 어휘들	70
	3.1 Asking who owns something 누가 물건의 소유주인지 묻기	72
	3.2 Asking to borrow something 물건을 빌리기 위해 묻기	76
	세 번째 BONUS PAGE 강조를 위한 부사 사용하기	80
	3.3 Not knowing something 어떤 것에 대해 모름	82
	3.4 Asking for a favor 부탁하기	86
	• Put It Together! 정리 학습	90
	• Now It's Your Turn! 이제 네 차례야!	92
CHAPTER 04	4장에 나오는 어휘들	96
	4.1 Expressing a decision or plan 결정이나 계획 말하기	98
	4.2 Prohibiting an action 행동을 금지하기	102
	네 번째 BONUS PAGE 문장 연결을 위한 접속사 사용하기	106
	4.3 Asking for permission 허락 요청하기	108
	4.4 Thanking someone 누군가에게 감사하기	112
	• Put It Together! 정리 학습	116
	• Now It's Your Turn! 이제 네 차례야!	118

토마스와 앤더스의 업그레이드 된
착한 기초영어 회화

CHAPTER 05		
	5장에 나오는 어휘들	122
	5.1 Expressing happiness 행복함을 표현하기	124
	5.2 Expressing anger 화난 것을 표현하기	128
	다섯 번째 BONUS PAGE 업그레이드된 어휘	132
	5.3 Saying sorry 미안하다고 말하기	134
	5.4 Expressing love 사랑을 표현하기	138
	• Put It Together! 정리 학습	142
	• Now It's Your Turn! 이제 네 차례야!	144

CHAPTER 06		
	6장에 나오는 어휘들	148
	6.1 Expressing your hobbies 취미 표현하기	150
	6.2 Talking about physical attractiveness 신체적 매력에 대해 얘기하기	154
	여섯 번째 BONUS PAGE 업그레이드된 어휘	158
	6.3 Expressing preference 선호도 표현하기	160
	6.4 Expressing disinterest 관심이 없음을 표현하기	164
	• Put It Together! 정리 학습	168
	• Now It's Your Turn! 이제 네 차례야!	170

Pure and Simple English UPgrade

CHAPTER 07

	7장에 나오는 어휘들	174
7.1	Buying something cheap 값이 싼 물건 사기	176
7.2	Reacting to something too expensive 너무 비싼 물건에 대해 반응하기	180
	일곱 번째 BONUS PAGE 업그레이드된 어휘	184
7.3	Having no money 돈이 없음	186
7.4	Asking about the type of product 제품 유형에 대해 묻기	190
• Put It Together! 정리 학습		194
• Now It's Your Turn! 이제 네 차례야!		196

CHAPTER 08

	8장에 나오는 어휘들	200
8.1	Asking about future plans 앞으로의 계획에 대해 묻기	202
8.2	Talking about the weather(predictions) 날씨(예보)에 대해 얘기하기	206
	여덟 번째 BONUS PAGE 업그레이드된 어휘	210
8.3	Expressing certainty 확신하고 있음을 표현하기	212
8.4	Expressing possibility 가능성을 표현하기	216
• Put It Together! 정리 학습		220
• Now It's Your Turn! 이제 네 차례야!		222

토마스와 앤더스의 업그레이드 된
착한 기초영어 회화

CHAPTER 09

	9장에 나오는 어휘들	226
9.1	Asking for time off 휴가 요청하기	228
9.2	Changing or rescheduling plans 계획을 바꾸거나 일정 조정하기	232
	아홉 번째 BONUS PAGE 부사로 문장 시작하기	236
9.3	Talking about hunger 배고픔에 대해 얘기하기	238
9.4	Offering food 음식 권하기	242

- Put It Together! 정리 학습 — 246
- Now It's Your Turn! 이제 네 차례야! — 248

CHAPTER 10

	10장에 나오는 어휘들	252
10.1	Describing something old or worn-out 오래된 것이나 낡은 것 설명하기	254
10.2	Making recommendations/Giving advice 추천하기/조언하기	258
	열 번째 BONUS PAGE 업그레이드된 어휘	262
10.3	Complaining/Expressing disbelief 불평하기/믿을 수 없음을 표현하기	264
10.4	Expressing tiredness 피곤함 표현하기	268

- Put It Together! 정리 학습 — 272
- Now It's Your Turn! 이제 네 차례야! — 274

CHAPTER 11 Sample 답안

Chapter 01	278
Chapter 02	283
Chapter 03	288
Chapter 04	293
Chapter 05	298
Chapter 06	303
Chapter 07	308
Chapter 08	313
Chapter 09	318
Chapter 10	323

▪▪ 부록 | 불규칙동사표 — 328
Be동사, Do동사, 몇몇 조동사의 부정형과 축약형 — 333

CHAPTER 01

토마스와 앤더스의 업그레이드 된
착한 기초영어 회화

Pure and Simple English UPgrade

1장에 나오는 어휘들	18
1.1 Asking about taste 맛에 대해 묻기	20
1.2 Parting with someone 누군가와 헤어지기	24
첫 번째 BONUS PAGE **업그레이드된 어휘**	28
1.3 Volunteering to do something 어떤 일을 하려고 자원하기	30
1.4 Asking about availability 시간을 낼 수 있는지에 대해 묻기	34
• **Put It Together!** 정리 학습	38
• **Now It's Your Turn!** 이제 네 차례야!	40

CHAPTER 01 — THIS CHAPTER'S VOCABULARY

>> 이 장에서 학습하게 될 새로운 어휘입니다. 발음을 **CD**에서 듣고 난 후 따라 읽고 외우며 해당 어휘를 연습하세요.

- ☐ **alright** [ɔːlráit]   괜찮은
- ☐ **amazing** [əméiziŋ]   아주 놀라운, 굉장한
- ☐ **delicious** [dilíʃəs]   매우 맛있는
- ☐ **document** [dάkjumənt]   서류, 자료
- ☐ (it doesn't) **fit** [fit]   맞(지 않)다, 어울리(지 않)다
- ☐ **flavorless** [fléivərlis]   맛없는
- ☐ **fortunate** [fɔ́ːrtʃənət]   운 좋은, 행운의
- ☐ **Hannah** [hǽnə]   (여자 이름) 한나
- ☐ **keep in touch**   연락하며 지내다
- ☐ **lean** [liːn]   기름기가 적은
- ☐ **living room**   거실

1장에 나오는 어휘들

- [ ] **mechanic** [mikǽnik] 수리공, 정비사
- [ ] **mow the lawn** 잔디를 깎다
- [ ] **order** [ɔ́ːrdər] 주문하다
- [ ] **pasta** [pɑ́ːstə] 파스타(이탈리아식 국수)
- [ ] **steak** [steik] 스테이크
- [ ] **taste** [teist] 맛; ~의 맛이 나다
- [ ] **tasty** [téisti] 맛있는
- [ ] **trash** [træʃ] 쓰레기
- [ ] **vacuum** [vǽkjuəm] 진공청소기로 청소하다
- [ ] **weather** [wéðər] 날씨, 기상

Chapter 01
1.1 Asking about taste
맛에 대해 묻기

 Is it tasty?
그것 맛있어?

 How's the taste?
맛이 어때?

 **Does it taste alright?**
그것 맛이 괜찮아?

- **UP** 첫 학습 목표로 우리는 **tasty**(맛있는) 형용사를 사용하여 쉬운 **be**동사 의문문을 만들게 될 것입니다.

- **UP** **taste** (맛있다)라는 동사를 활용하여 **how** 의문문을 만드는 방법으로 업그레이드 할 수 있습니다. 두 가지 의문문을 혼동하지 않도록 유의하세요. **Is it** + 형용사 그리고 **How is** + 명사.

- **UP** 마지막으로, **does**로 시작하는 다른 종류의 의문문이 있습니다. 우리는 다른 종류의 형용사를 사용하여 이렇게 다양하게 할 수 있습니다. **Does it taste good?**(맛이 좋아?), **Does it taste OK?** (맛 괜찮아?)

VOCABULARY

- ☐ **amazing** [əméiziŋ] 놀란 만한, 기가 막힌
- ☐ **delicious** [dilíʃəs] 매우 맛있는
- ☐ **lean** [li:n] 기름기가 적은
- ☐ **order(ed)** [ɔ́:rdər] 명령을 내리다, 순서
- ☐ **steak** [steik] 스테이크
- ☐ **tasty** [téisti] 맛있는

A: Is it tasty?
그것 맛있어?

B: Yes, it's delicious.
응, 매우 맛있어.

A: How's the taste? Do you like it?
맛이 어떠니? 네 마음에 들어?

B: Yeah, it tastes great.
응, 정말 맛있어.

A: How is the steak you ordered? Does it taste alright?
네가 주문한 스테이크는 맛이 어때? 맛이 괜찮아?

B: Actually, it's a little lean. It's not very tasty.
사실은, 약간 기름기가 적어. 그다지 맛있지 않아.

Is it delicious? 그거 맛있어?

다른 사람들이 당신이 만든 요리를 맛있게 먹는지 물어볼 때, 한국인들은 **Is it delicious?** (그거 맛있어?) 라고 물어보는 경향이 있습니다. 그러나 이 물음은 듣는 이에게 어색하게 들립니다. **delicious**는 매우 맛이 있는 것을 묘사할 때 사용하는 매우 강한 어휘이기 때문입니다. 예를 들면 **Do I look good?** (나 괜찮아 보여?)라고 의도하며 **Am I beautiful?** (내가 아름다운가요?)라고 묻는 것과 같습니다.

그러므로 위 세 문장 중 하나를 골라 사용하는 것이 좋으며, **delicious**는 묻는 문장에서 사용하기보다는 대답으로만 사용하는 것이 좋습니다.

Examples

- This wine tastes amazing!
  이 와인 맛이 정말 놀라운데!

- How is the dress you ordered? Does it fit you?
  네가 주문한 드레스 어때? 네게 맞니?

- This doesn't taste good. I don't really like the taste.
  이건 맛이 좋지 않아. 나는 이런 맛 별로 좋아하지 않아.

- This soup is too bitter. I can't eat it.
  이 수프는 너무 써. 나는 못 먹겠어.

- Does your pasta taste good? I'm thinking about ordering the same one.
  네 파스타 맛이 좋아? 나도 같은 걸로 주문할까 생각 중이야.

NOTE! 다양한 음식 맛 설명

- salty [sɔ́:lti] 짠
- oily [ɔ́ili] 기름진, 기름기가 많은
- spicy [spáisi] 매콤한
- greasy [grí:si] 기름기가 많은
- sour [sauər] 신
- flavorless [fléivərlis] / bland [blænd] 심심한, 밍밍한
- lean [li:n] 기름기가 적은
- bitter [bítər] 쓴

Thomas' Exercises

Sample 답안 278p

>> 묻는 문장을 완성하기 위해 아래의 그림을 활용하세요. 그리고 당신의 의견을 말하세요.

1. How is your _____? Is it tasty?

   A: _____

2. How is your _____? Is it tasty?

   A: _____

3. How is your _____? _____?

   A: _____

4. _____? _____?

   A: _____

Chapter 01
1.2 Parting with someone
누군가와 헤어지기

 Goodbye.
잘 가.

 See you later.
나중에 만나.

 **Hope to see you again soon.**
곧 다시 만나길 바래.

UP 누군가와 헤어지거나 전화를 끊을 때 **Goodbye.** (잘 가.)라고 말합니다.

UP 그 사람을 다시 만날 것을 원하는 마음을 표현하기 위해 **See you later.** (나중에 만나.)라고 말합니다.

UP **Hope to see you again soon.** (곧 다시 만나길 바래.)라고 말하는 것은 위의 표현들을 업그레이드한 표현입니다. **(I) Hope to**라고 시작하는 문장은 당신이 미래에 하길 바라는 것을 말할 때 매우 유용한 표현입니다. 예를 들어 **Hope to hear from you soon.** (곧 네 소식을 들었으면 좋겠다.) 또는 **Hope to meet you after the holidays.** (연휴 후에 만나면 좋겠다.) 등의 문장들이 있습니다.

VOCABULARY

- **sec** [sek] 잠깐
- **coworker** [kóuwə̀:rkər] 일의 동료
- **outside** [áutsáid] 밖으로
- **keep in touch** 연락하다.
- **again** [əgéin] 다시

A: **Bye!**
안녕!

B: **Goodbye!**
잘 가!

A: **I have to go now. Take care.**
지금 가야 해. 잘 지내.

B: **OK, see you later, Hannah.**
응, 나중에 봐, 한나.

A: **It was nice meeting you. Let's keep in touch.**
만나서 반가웠어. 연락하며 지내자.

B: **Yes, hope to see you again soon.**
응, 곧 다시 만나길 바라.

keep in touch
연락하며 지내다

어떤 사람과 연락하고 지내기를 바라는 것을 표현하기 위해 **keep in touch**라고 말할 수 있습니다. 또한 여전히 오랜 친구들과 연락하고 지내는 것을 표현하기 위해 사용할 수도 있습니다.

- **I'm still in touch with my high school friends.**
  나는 여전히 고등학교 친구들과 연락하고 지내.

Examples

- ✓ **See you tonight.**
  오늘 밤에 만나.

- ✓ **It was nice talking to you again.**
  너와 다시 얘기 나눠서 매우 기분 좋았어.

- ✓ **I have to leave in a sec. Take care.**
  나는 바로 가야 해. 안녕.

- ✓ **I still keep in touch with my old coworkers.**
  나는 여전히 옛 직장 동료들과 연락하며 지내.

- ✓ **Hope to see you again when you return to Korea.**
  네가 한국에 돌아올 때 다시 만날 수 있기를 바래.

- ✓ **Please take care if you go outside. It's snowing a lot.**
  밖으로 나갈 때면 조심해. 눈이 많이 오고 있어.

Thomas' Exercises

Sample 답안 279p

>> 오른쪽에서 정답을 고른 후 왼쪽과 연결해 완성된 문장을 읽으세요.

A. It was so nice   •   • with my ex-boyfriend.

B. Let's keep   •   • when you return from your vacation.

C. I have to leave   •   • in a sec.

D. I still keep in touch   •   • See you later!

E. Hope to see you   •   • meeting you.

F. Please take care   •   • in touch.

G. Goodbye!   •   • if you go out at night.

Vocabulary UPgrade

1   **car** [kɑːr] ➪ **vehicle** [víːikl, víːhikl]
자동차   탈것 (운송 기구)

Someone parked their vehicle in my parking spot.
누군가가 자동차를 내 주차 구역에 세워뒀다.

2   **place** [pleis] ➪ **location** [loukéiʃən]
장소   위치

Do you know the location of this restaurant?
너는 이 식당의 위치를 알고 있니?

3   **lucky** [lʌ́ki] ➪ **fortunate** [fɔ́ːrtʃənət]
운이 좋은   행운이 있는

We were fortunate to catch the last subway tonight.
우리는 오늘 밤 운 좋게 마지막 지하철을 탔다.

4   **chance** [tʃæns] ➪ **opportunity** [àpərtjúːnəti]
기회   (좋은) 기회

I got an opportunity to study abroad.
나는 해외 유학할 기회를 얻었다.

업그레이드된 어휘

Sample 답안 280p

>> 학습한 새로운 어휘를 활용하여 아래의 밑줄 친 부분을 업그레이드하세요.

1 I just bought a winning lottery ticket. I feel so <u>lucky</u>!
내가 산 복권이 당첨되었어. 운이 매우 좋았어!

___

2 You should tell the police the <u>place</u> of the accident.
너는 그 사고 장소를 경찰에 알려야 해.

___

3 Wow, that's a really nice <u>car</u>. Is it new?
와우, 정말 멋진 자동차네. 새 차야?

___

4 You should accept his offer. It's a great <u>chance</u>.
그의 제안을 받아들이는 것이 좋겠어. 매우 좋은 기회야.

___

Chapter 01
1.3 Volunteering to do something
어떤 일을 하려고 자원하기

 I can do it.
저는 그 일을 할 수 있어요.

 I'll take care of it.
제가 그 일을 처리할게요.

 Leave it to me.
제게 그 일을 맡겨주세요.

UP 우리가 할 수 있는 것에 대해 말할 때 **can 조동사**를 사용합니다. 이런 경우, **I can do it.** (나는 그것을 할 수 있어.) 은 그 일을 지원하는 것을 나타냅니다. **I can clean it.** (내가 그것을 청소할게.) 또는 **I can pick him up.** (내가 그를 데리러 갈게.)라는 다른 동사를 사용할 수도 있습니다.

UP **take care of**는 어떤 것을 처리하는 것을 의미합니다. 무엇인가를 보호하거나 주의하는 것을 의미하는 **take care**와 혼동하지 마세요. **Take care if you go in the swimming pool.** (수영장에 수영하러 가면 조심해.)

UP 마지막으로, 어떤 문제를 남의 도움이나 감독 없이 다룰 수 있을 때 편하게 말하는 방법으로 **Leave it to me.** (나에게 맡겨.)라고 표현합니다.

VOCABULARY

- **document** [dákjumənt] 서류, 문서, 자료
- **mow the lawn** 잔디를 깎다
- **trash** [træʃ] 때려 부수다, 쓰레기
- **vacuum** [vǽkjuəm] 진공청소기로 청소하다, 진공청소기
- **volunteering** [vɑːləntíəriŋ] 자원봉사 하기

A: Someone has to take out the trash.
누군가가 쓰레기를 내다 버려야 해요.

B: I can do it.
제가 할 수 있어요.

A: Can someone please take out the trash?
쓰레기를 내다 버려 줄 사람 있어요?

B: OK, I'll take care of it.
네, 제가 처리할게요.

A: We need someone to take out the trash tonight.
우리는 오늘밤에 쓰레기를 내다 버려줄 사람이 필요해요.

B: No problem. Leave it to me.
알았습니다. 제게 맡겨주세요.

No problem. 문제 없어, 알았습니다.

다양한 의미를 가진 이 표현은 '무엇인가를 하는 것이 어렵지 않다'는 것을 보여주기 위해 격식 없는 대답으로 사용됩니다.

Examples

- Can someone please answer the phone?
  누가 전화를 좀 받아줄 수 있어요?

- You don't have to vacuum the living room. Leave it to me.
  당신은 거실을 진공청소기로 청소하지 않아도 됩니다. 제게 그 일을 맡겨주세요.

- You can relax. I'll take care of the baby tonight.
  당신은 편히 쉬세요. 제가 오늘 밤에 아기를 돌보겠습니다.

- Our company needs someone to copy these documents.
  우리 회사는 이 서류를 복사해줄 사람이 필요해요.

- No problem. I can mow the lawn this weekend.
  문제 없어요. 내가 이번 주말에 잔디를 깎을 수 있어요.

- If you need someone to work late tonight, I can do it.
  오늘 저녁에 야근할 사람이 필요하다면 제가 할 수 있습니다.

Thomas' Exercises

Sample 답안 281p

>> 아래의 각 문장을 읽고, 담당 업무에 맞는 사람들을 연결하세요. 그 후 학습한 문장을 사용하여 알맞은 대답을 쓰세요.

A. Who can take out the trash?
누가 쓰레기를 내다 버릴 수 있나요? ANSWER: _____

B. Can someone please wash the dishes?
누가 설거지를 할 수 있나요? ANSWER: _____

C. Someone has to mow the lawn.
누군가가 잔디를 깎아야만 해요. ANSWER: _____

D. We need someone to vacuum the living room.
우리는 거실을 진공청소기로 청소할 사람이 필요해요. ANSWER: _____

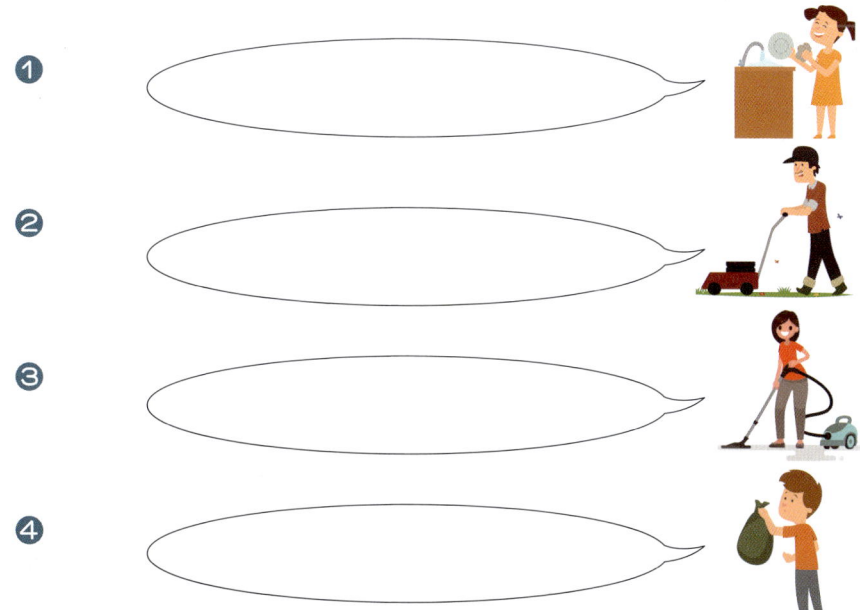

Asking about availability
시간을 낼 수 있는지에 대해 묻기

 Are you busy?
지금 바쁘니?

 Can you talk?
얘기 좀 할 수 있을까?

 **Are you free to talk right now?**
지금 얘기 좀 할 수 있니?

- **UP** 상대방이 시간이 되는지에 대해 묻기 위해 **Are you busy?**라는 표현을 사용할 수 있습니다. 그 물음에는 일반적으로 **Yes/No**를 포함한 문장으로 대답합니다.

- **UP** **Can you/we talk?**라는 문장은 일반적으로 전화 통화상으로 사용되는 말입니다. 다른 사람에게 통화할 수 있는지를 물을 때 사용되며, 좀 더 진지하게 얘기를 시작할 수 있는지를 묻기 위해 상대방에게 물을 때도 사용됩니다.

- **UP** **Are you free?** (한가하니?)라고 묻는 것은 특정한 날 또는 시간이 가능한지 여부에 대해 물을 때 매우 유용합니다. 예를 들어 **Are you free on Thursday?**(목요일에 시간이 있니?) 또는 **Are you free to play soccer this weekend?**(이번 주말에 축구를 할 시간이 있니?)라고 묻는 것입니다.

VOCABULARY

- ☐ **weather** [wéðər] 날씨
- ☐ **availability** [əvèiləbíləti] 가능성
- ☐ **soccer** [sákər] 축구
- ☐ **weekend** [wíkend] 주말

A: Are you busy?
바쁘니?

B: No, I can talk.
아니. 얘기할 수 있어.

A: Hi, can you talk?
안녕, 얘기할 수 있어?

B: Sure. What's up?
그럼. 무슨 일이야?

A: Are you free to talk right now?
지금 얘기 좀 할 수 있어?

B: Not right now. Please call me back in 10 minutes.
지금은 안 돼. 10분 후에 다시 전화해줘.

What's up? 어떻게 지내니?

이런 표현은 상대방이 어떻게 지내는지 묻기 위해 사용되거나 또는 새로운 소식이 있는지 여부를 물을 때 사용합니다. 격식을 갖추지 않은 표현이지만 일반적인 것을 묻는 것으로 매우 유용합니다. 상대방이 걱정스러운 말을 하거나 무슨 일이 일어난 듯한 의구심이 들 때 사용할 수 있습니다.

- Hey, you sound worried. What's up?
  이봐, 걱정되는 일 있는 것 같은데, 무슨 일이야?

Examples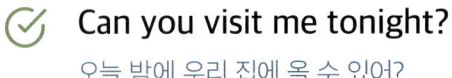

- ✓ **Can you visit me tonight?**
  오늘 밤에 우리 집에 올 수 있어?

- ✓ **Are you free for dinner this week?**
  이번 주에 저녁식사 함께할 시간이 있어?

- ✓ **Are you free to meet this weekend?**
  이번 주말에 만날 시간이 있어?

- ✓ **What's up with the weather these days? It's raining all the time.**
  요즘 날씨가 왜 이래? 계속 비만 오네.

- ✓ **Are you busy tonight? Let's watch a movie.**
  오늘 저녁 바빠? 영화 하나 보자.

- ✓ **Please call me back when you have time.**
  시간 있을 때 내게 다시 전화해줘.

Thomas' Exercises

▶ Sample 답안 282p

>> Dan이 Jan에게 데이트를 신청하려 합니다. 왼쪽 어구를 사용하여 Jan이 시간을 낼 수 있는지 여부에 대해 묻는 그의 묻는 문장을 완성하세요. 그리고 Jan이 시간이 있는지 여부에 대해 오른쪽에 그녀의 대답 문장을 만드세요.

Dan

Jan

Hey Jan, _____? Sorry, Dan, _____.
　　　this weekend

Hey Jan, _____? OK, Dan, _____.
　　　for lunch tomorrow

Hey Jan, _____? OK, Dan, _____.
　　　at 6 p.m.

Hey Jan, _____? Sorry, Dan, _____.
　　　watch a movie

Anders' Practice
Put It Together!

>> **Anna**는 그녀의 친구 **Fred**에게 부탁을 하려 합니다.

Anna Fred, can you talk right now?
프레드야, 지금 얘기할 수 있어?

Fred Sure. What's up?
그럼. 무슨 일이야?

Anna Could you take my car to the mechanic this weekend?
이번 주말에 내 차를 수리공에게 맡겨 줄 수 있어?

Fred OK, leave it to me!
그래, 내게 맡겨!

Anna Thanks! I'm so fortunate to have a friend like you!
고마워! 너 같은 친구가 있어서, 난 정말 운이 좋아.

Fred No problem. It's my pleasure.
문제없어. 천만에.

Anna Hey, are you free for dinner tonight?
이봐, 오늘 밤 저녁식사 함께할 시간이 있니?

Fred Yes, I think so.
응, 시간 있어.

정리 학습

Anna   Good. Since you are helping me, I'd like to buy you dinner.
좋아. 네가 나를 돕고 있으니, 내가 네게 저녁식사를 사고 싶어.

Fred   Oh, that sounds nice.
오, 좋아.

Anna   Then let's meet on Bleeker Street at 7 p.m.
그럼 오늘 오후 7시에 블리커 스트리트에서 만나.

Fred   OK, see you soon! Goodbye!
그래, 곧 만나! 잘가!

··· 늦은 저녁 시간, 식당에서 ···

Fred   Thanks again for buying dinner tonight.
오늘 밤 저녁식사 사줘서 다시 한 번 더 고마워.

Anna   How's your pasta? Does it taste alright?
네 파스타 어때? 맛이 괜찮아?

Fred   Yes, it's delicious. Is yours tasty as well?
응, 매우 맛있어. 네 식사도 맛있니?

Anna   Yes. But the salad is a bit flavorless.
응. 그런데 샐러드가 좀 맛없어.

Anders' Practice
Now It's Your Turn!

▸▸ 전 페이지의 대화 내용을 참고해 아래 빈칸의 대화를 완성하세요.

Anna   Fred, _____?
           지금 얘기할 수 있어?

Fred   Sure. _____?
           무슨 일이야?

Anna   Could you take my car to the mechanic this weekend?

Fred   OK, _____!
           내게 맡겨!

Anna   Thanks! _____ to have a friend like you!
                   난 정말 운이 좋아.

Fred   No problem. It's my pleasure.

Anna   Hey, _____?
           오늘밤 저녁식사 함께할 시간이 있니?

Fred   Yes, I think so.

이제 네 차례야!

Anna Good. Since you are helping me, I'd like to buy you dinner.

Fred Oh, that sounds nice.

Anna Then let's meet on Bleeker Street at 7 p.m.

Fred OK, _____! Goodbye!
곧 만나!

… 늦은 저녁 시간, 식당에서 …

Fred Thanks again for buying dinner tonight.

Anna How's your pasta? _____?
맛이 괜찮아?

Fred Yes, it's _____. Is yours _____ as well?
매우 맛있어   맛있는

Anna Yes. But the salad is a bit _____.
맛 없어

CHAPTER 02

토마스와 앤더스의 *업그레이드 된*
착한 기초영어 회화

Pure and Simple English UPgrade

	2장에 나오는 어휘들	44
2.1	**Asking for directions** 길 묻기	46
2.2	**Deciding/Asking what to eat** 무엇을 먹을지 결정하기/묻기	50
	두 번째 BONUS PAGE 업그레이드된 어휘	54
2.3	**Asking for the time** 시간 묻기	56
2.4	**Asking for/Ordering something** 물건 요청하기/주문하기	60
	• **Put It Together!** 정리 학습	64
	• **Now It's Your Turn!** 이제 네 차례야!	66

CHAPTER 02
THIS CHAPTER'S VOCABULARY

>> 이 장에서 학습하게 될 새로운 어휘입니다. 발음을 CD에서 듣고 난 후 따라 읽고 외우며 해당 어휘를 연습하세요.

☐ **across** [əkrɔ́:s, əkrǽs] ~을 건너서

☐ **alright** [ɔ:lráit] 괜찮은

☐ **block** [blɑk] 블록
(사이 도로로 둘러싸인 도시의 한 구획)

☐ **burrito** [bərí:tou] 부리또(멕시코 요리)

☐ **Chinese food** 중국 음식

☐ **computer** [kəmpjú:tər] 컴퓨터

☐ **corner** [kɔ́:rnər] 구석, 길모퉁이

☐ **different** [dífərənt] 다른, 여러 가지의

☐ **diner** [dáinər] 간이 식당; (식당의) 식사하는 손님

☐ **finish** [fíniʃ] ~ 을 끝내다, ~ 을 마무리하다

☐ **from out of town** 다른 마을/도시에서 온

2장에 나오는 어휘들

- [ ] **in the mood for ...**   ~할 기분인, ~할 기분이 내키는
- [ ] **light** [lait]   (성냥 또는 라이터의) 불
- [ ] **lunch break** [lʌ́ntʃ brèik]   점심 시간
- [ ] **nearest** [níərist]   가장 가까운
- [ ] **post office** [póust ɔ̀:fis]   우체국
- [ ] **present** [préznt]   선물
- [ ] **(a) quarter to/(a) quarter past**   15분 전 / 15분 후
- [ ] **recommend** [rèkəménd]   ~을 추천하다, 권하다
- [ ] **seat** [si:t]   좌석
- [ ] **tease** [ti:z]   놀리다, 골리다
- [ ] **Walmart** [wɔ́:lmɑ́:rt]   월마트

Chapter 02
2.1 Asking for directions
길 묻기

 Where is the post office?
우체국은 어디에 있습니까?

 I'm looking for the post office.
저는 우체국을 찾고 있습니다.

 **Do you know where the post office is?**
우체국이 어디에 있는지 알고 있습니까?

UP 어떤 곳의 위치에 대해 묻는 가장 좋은 방법은 **Where** (어디에)로 시작하는 의문문으로 묻는 것입니다.

UP 길 묻기에 대한 차선책으로 **look for**(찾다)라는 표현 다음에 찾고자 하는 장소를 사용하는 것입니다. 이런 표현은 잃어버린 물건을 찾을 때에도 사용할 수 있습니다.

UP 마지막 방법으로 **Do you know?** (당신은 알고 있습니까?)로 시작하는 의문문을 사용할 수 있습니다. 이런 의문문은 듣는 사람이 우리가 찾고자 하는 곳의 위치를 알고 있는지 여부를 확인하기 위해 사용합니다. 두 번째 문장이 서술형 문장인 반면에 첫 번째와 세 번째 문장이 의문문이라는 것을 주의하세요.

VOCABULARY

- **across** (the street) [əkrɔ́ːs, əkrás] 길 건너서
- **corner** [kɔ́ːrnər] 구석, 길모퉁이
- **nearest** [nírəst] 가장 가까운
- **out of town** [áut əv táun] 시외
- **post office** [póust ɔ(ː)fis] 우체국
- **direction** [dirékʃən] 방향, 지시, 길, 목표

A: Where is the post office?
우체국이 어디에 있나요?

B: It's over there, right across the street.
그것은 저쪽에, 바로 길 건너에 있습니다.

A: Excuse me, I'm looking for a post office.
실례합니다, 저는 우체국을 찾고 있습니다.

B: A post office? I think the nearest one is on Rogers St.
우체국이요? 가장 가까운 우체국은 로저스 스트리트에 있는 것 같아요.

A: Do you know where the post office is?
우체국이 어디에 있는지 알고 있습니까?

B: Sorry, I'm from out of town. You'd better ask someone else.
죄송합니다, 저는 다른 도시에서 왔습니다. 다른 사람에게 물어보는 것이 좋을 것 같습니다.

Excuse me.
실례합니다.

낯선 사람에게 말을 걸 때, **Excuse me.**로 대화를 시작합니다. 그 표현은 누군가의 주의를 얻고자 할 때 사용되기도 합니다. 예를 들어 식당에서 종업원을 부를 때 또는 사람들이 붐비는 장소에서 누군가를 스치고 지나갈 때도 사용합니다.

Examples

- Where is the nearest bus stop?
  가장 가까운 버스 정류장은 어디에 있습니까?

- I'm looking for the nearest café.
  저는 가장 가까운 카페를 찾고 있습니다.

- I'm from out of town. I'm not from around here.
  저는 다른 마을에서 왔어요. 저는 이 근처 사람이 아닙니다.

- Do you know where Central Park is?
  센트럴 파크가 어디에 있는지 알고 있습니까?

- A supermarket? I think the nearest one is around the corner.
  슈퍼마켓이요? 가장 가까운 슈퍼마켓은 모퉁이를 돌면 있는 것 같아요.

- Sorry, I'm busy. You'd better ask a policeman.
  죄송하지만 저는 바쁩니다. 경찰관에게 물어보시는 것이 좋을 것 같습니다.

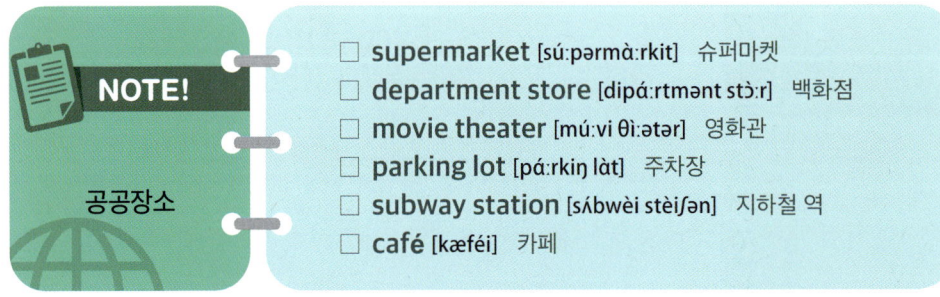

NOTE!

공공장소

- supermarket [súːpərmàːrkit] 슈퍼마켓
- department store [dipáːrtmənt stɔ̀ːr] 백화점
- movie theater [múːvi θìːətər] 영화관
- parking lot [páːrkiŋ làt] 주차장
- subway station [sʌ́bwèi stèiʃən] 지하철 역
- café [kæféi] 카페

Thomas' Exercises

💬 Sample 답안 283p

>> 우리말 번역 문장을 활용하여 대화 문장의 빈칸을 알맞게 채우시오.

1. A: Excuse me, _____?
   우체국이 어디에 있습니까?
   B: It's over there, across the street.

2. A: Excuse me, I'm looking for Court Square Station.

   B: Sorry, _____.
   저는 다른 도시에서 왔습니다
   You'd better ask someone else.

3. A: _____?
   가장 가까운 영화관은 어디에 있습니까?
   B: I'm not sure. Try asking a policeman.

4. A: Excuse me, _____?
   카페가 어디에 있는지 알고 있나요?
   B: It's right _____.
   바로 모퉁이를 돌면 있습니다.

Chapter 02
2.2 Deciding/Asking what to eat
무엇을 먹을지 결정하기 / 묻기

 What should we eat?
우리는 무엇을 먹을까요?

 What would you like for lunch?
점심식사로 무엇을 드시겠습니까?

 **What do you recommend for lunch?**
당신은 점심식사로 무엇을 추천합니까?

- 이전 학습 영역에서와 같이, 첫 번째 물음은 의문사로 시작합니다. 이전에는 **where**를 배웠었죠. 이번에는 **what**이라는 의문사를 무엇을 먹는 것이 좋을지에 대해 물을 때 사용합니다.

- 첫 번째와 두 번째 문장에서 **should we** 또는 **would you like** 중 하나를 선택하여 다른 사람의 의견을 물을 때 사용합니다.

- 이런 동사 사용을 대신하여, **recommend**라는 동사를 사용하기도 합니다. 이 동사는 음식, 영화, 책 또는 활동들을 일반적으로 추천할 때 사용됩니다. (10.2장을 확인하세요.)

VOCABULARY

- ☐ **Chinese food** 중국 요리
- ☐ **diner** [dáinər] 식사하는 장소
- ☐ **in the mood for** … ~ 기분이다
- ☐ **present** [préznt] 선물
- ☐ **recommend** [rèkəménd] 추천하다, 권하다
- ☐ **deciding** [disáidiŋ] 결정하기

A: What should we eat?
우리는 무엇을 먹을까요?

B: How about pasta?
파스타 어때요?

A: What would you like for lunch?
점심식사로 무엇을 드시겠습니까?

B: I'm in the mood for Chinese food.
저는 중국 음식이 먹고 싶습니다.

A: What do you recommend for lunch?
당신은 점심식사로 어떤 것을 추천합니까?

B: The diner on Lincoln Avenue is pretty good. Let's go there.
Lincoln Avenue에 있는 간이 식당이 꽤 괜찮아요. 그곳으로 갑시다.

be in the mood (for) (~할) 기분이다

명사 **mood** (기분)는 감정 상태를 나타내며, **be in the mood**는 그 순간 느끼고 있는 감정 상태에 대해 말하고자 할 때 사용됩니다. 일반적으로 전치사 **for**가 뒤에 사용되며, 하고 싶지 않은 것을 나타내고자 할 때, 앞에 **not**을 붙여 부정적인 입장임을 나타내기도 합니다.

- **Stop teasing me. I'm not in the mood for jokes.**
  날 그만 놀려. 나 지금 농담할 기분 아니야.

Examples

- ✓ **Let's have Italian food tonight.**
  오늘 밤에 이탈리아 음식을 먹자.

- ✓ **What music are you in the mood for?**
  너는 어떤 음악이 듣고 싶어?

- ✓ **I'm in the mood for some coffee.**
  나는 커피 좀 마시고 싶어.

- ✓ **What present would you like for your birthday?**
  너는 네 생일에 어떤 선물을 받고 싶니?

- ✓ **What movie should we watch?**
  우리 어떤 영화 볼까?

- ✓ **What movie do you recommend?**
  너는 어떤 영화를 추천하니?

Thomas' Exercises

Sample 답안 284p

>> 오른쪽에서 정답을 골라 왼쪽과 연결한 후 완성된 문장을 읽으세요.

A. What shoes do you recommend? •   • Let's have Chinese food.

B. What would you like for breakfast? •   • How about a new watch?

C. What music are you in the mood for? •   • Nike is a good brand.

D. What should we eat? •   • I'm in the mood for bacon and eggs.

E. What present should I buy for her birthday? •   • Let's listen to some blues.

Vocabulary UPgrade

1 The party was _____.
그 파티는 ~ 였어

- **fun** [fʌn]
  재미, 즐거움
- **enjoyable** [indʒɔ́iəbl]
  즐거운
- **unforgettable** [ʌnfərgétəbl]
  잊을 수 없는, 잊혀지지 않는

2 Your sister is so _____.
네 누나는 너무 ~ 해

- **nice** [nais]
  친절한
- **friendly** [fréndli]
  다정한
- **warm-hearted** [wɔ́ːrmháːrtid]
  마음이 따뜻한

3 Robert's jokes are _____.
로버트의 농담은 ~ 해

- **funny** [fʌ́ni]
  재미있는
- **amusing** [əmjúːziŋ]
  즐거운
- **hilarious** [hilɛ́əriəs]
  매우 유쾌한

업그레이드된 어휘

 Sample 답안 285p

1 Thank you for the unforgettable date. I had a great time.
잊을 수 없는 데이트 고마워. 아주 좋은 시간 보냈어.

2 When I retired, my boss wrote me a warm-hearted letter.
내가 은퇴했을 때, 팀장님이 따스한 마음이 담긴 편지를 써줬어.

3 Charlie gave an amusing speech at the party.
찰리는 파티에서 즐거운 연설을 했습니다.

>> 이제, 네 차례야! 지금까지 배운 어휘를 사용해서 아래의 밑줄 친 부분을 업그레이드 해보세요.

1 I'm looking for a boyfriend who is <u>nice</u> and has a good job.
나는 친절하고 좋은 직업을 가진 남자친구를 찾고 있어.

_____

2 I hope you have a <u>fun</u> vacation. Take lots of photos!
즐거운 휴가 갖길 바란다. 사진 많이 찍어!

_____

3 That movie is really <u>funny</u>. You should watch it!
저 영화는 정말 재미있어. 너도 그 영화 봐야 해!

_____

Chapter 02
2.3 Asking for the time
시간 묻기

What time is it?
몇 시입니까?

Do you have the time?
지금 몇 시입니까?

Do you know what time it is?
지금 몇 시인지 알고 있습니까?

UP 시간에 대해 물을 때, **What time~**이라는 표현을 사용할 수 있습니다. 이때 뒤에 be 동사만을 사용하는 것이 아니라 **What time can you meet?** (몇 시에 만날 수 있을까요?) 또는 **What time will you arrive?** (몇 시에 도착하세요?)와 같은 의문문을 만들 수 있습니다.

UP **Do you~** 라는 표현을 사용하여 다음과 같이 두 개의 의문문으로 업그레이드할 수 있습니다. **Do you have the time?**(지금 몇 시예요?) 그리고 **Do you know what time it is?**(지금 몇 시인지 알고 있습니까?) 두 문장은 '지금 몇 시입니까'와 '몇 시인지 말씀해주세요'라고 정중하게 말하는 것입니다.

VOCABULARY

- **a light** [lait] (불을 붙일 수 있는 성냥 또는 라이터의)불
- **computer** [kəmpjú:tər] 컴퓨터
- **quarter to/quarter past**
  15분 전 / 15분 후

A: **What time is it?**
  몇 시입니까?

B: **It's 3:30.** (three thirty)
  3시 30분입니다.

A: **Do you have the time?**
  지금 몇 시입니까?

B: **Sure, it's almost 5 o'clock**
  네, 5시 다 되어갑니다.

A: **Do you know what time it is?**
  몇 시인지 알고 있습니까?

B: **Let me take a look… it's (a) quarter to four.**
  한번 봅시다… 3시 45분입니다.

(a) quarter to four 4시 15분 전

만약 시계를 하나의 동그라미라고 상상하면, **half** (절반)으로 나누고 **quarter** (15분 단위)로 나눌 수 있습니다. 만약 시계가 30분을 가리키면 **half past** (30분 지난)이라고 말합니다.

- **12:30 = half past twelve** (30분 지난 12시)

만약 시계가 15분이라면, **(a) quarter past** 이라고 대신 사용할 수 있습니다.

- **5:15 = (a) quarter past five** (15분 지난 5시)

마지막으로, 만약 시계가 45분이라면, **(a) quarter to** (15분 전) 이라고 말할 수 있고, 현재의 시간보다는 차라리 다가오는 시간을 사용할 수 있습니다.

- **2:45 = (a) quarter to three** (15분 전 3시)

Examples

- ✓ It's almost time for our lunch break.
  점심 시간이 다 되었네요.

- ✓ What day/date is it today?
  오늘은 무슨 요일/며칠입니까?

- ✓ I have to leave at (a) quarter past two.
  저는 2시 15분에 출발해야 합니다.

- ✓ Excuse me, do you have a light?
  실례합니다, 불 있습니까?

- ✓ It's almost 11:45. We should get to the subway station before the last train leaves.
  거의 11시 45분입니다. 우리는 마지막 열차가 출발하기 전에 지하철 역에 도착해야 합니다.

- ✓ Let me take a look at your computer.
  제가 당신의 컴퓨터를 한 번 보도록 하겠습니다.

Thomas' Exercises

Sample 답안 286p

>> 아래의 물음에 여러분의 대답을 만드세요.

1. What day is it today?
   _____

2. Do you know what time it is?
   _____

3. Excuse me, do you have time to talk?
   _____

4. What time do you leave this class?
   _____

5. Do you know what time the train leaves?
   _____

Chapter 02

2.4 Asking for/Ordering something
물건 요청하기/주문하기

 I'd like a large drink.
저는 라지 사이즈 음료수를 마시고 싶습니다.

 Please give me a large drink.
라지 사이즈 음료수를 주세요.

 **Could I have a large drink, please?**
라지 사이즈 음료수를 주시겠어요?

UP 물건을 요청하는 질문의 가장 쉬운 형식은 **I would like**의 축약형 **I'd like**를 사용합니다.

UP 무엇인가를 당신에게 줄 것을 요청하기 위해 **give me**를 사용하기도 합니다. 명령문으로 들리지 않게 하기 위해 **please**를 포함하여 사용하는 것도 좋습니다. 만약 업그레이드를 원하실 경우, 물건을 당신에게 줄 것을 요청하기 위해 **Could I have** 또는 **Can I have**를 사용하는 것도 매우 좋은 방법입니다.

UP 식당에서 음식을 주문할 때, 위 문장의 **have** 대신 **get**을 사용할 수 있습니다. **Could I get a large drink, please?** (라지 사이즈 음료를 주시겠어요?)

VOCABULARY

- **different** [dífərənt] 다른, 여러 가지의
- **ordering** [ɔ́:rdəriŋ] 요청, 명령
- **Walmart** [wɔ́:lmá:rt]
  미국의 전국 체인 망의 대형 할인 매장

A: What can I get you?
무엇을 갖다 드릴까요?

B: I'd like a large drink.
라지 사이즈 음료수를 주세요.

A: What would you like to drink?
무엇을 마시겠습니까?

B: Please give me a large drink.
라지 사이즈 음료수를 주세요.

A: May I take your order?
손님의 주문을 받아도 될까요?

B: Could I have a large drink, please?
라지 사이즈 음료수를 마실 수 있을까요?

please 사용하기

요청하고자 할 때 좀 더 공손하게 말하기 위해 문장에 **please**을 더합니다. 문장의 시작 또는 끝에서, 그 밖에도 동사 바로 앞에서 사용합니다.

- **<u>Please</u> clean this shirt**.
  이 셔츠를 세탁해 주세요.
- **Clean this shirt, <u>please</u>**.
  이 셔츠를 세탁해 주세요.
- **I'd like you to <u>please clean</u> this shirt**.
  저는 당신이 이 셔츠를 세탁해 주시길 바랍니다.

Examples

- **I'd like a different seat.**
  저는 다른 좌석을 원합니다.

- **Could I have some more food, please?**
  제가 음식을 좀 더 먹을 수 있을까요?

- **What would you like to eat?**
  무엇을 드시겠습니까?

- **What movie would you like to watch?**
  어떤 영화를 보시겠습니까?

- **Welcome to Walmart. What can I do for you?**
  (How can I help you?)
  월마트에 오신 것을 환영합니다. 무엇을 도와드릴까요? (어떻게 도와드릴까요?)

- **Please give me more time to finish this work.**
  이 일을 마치기 위해 좀 더 시간을 주세요.

Thomas' Exercises

Sample 답안 287p

>> 빈칸에 들어갈 단어들을 아시겠어요? 이미 배운 알맞은 어휘로 빈칸을 채우시오.

1. What can I _____ _____ you?

2. What _____ _____ like for dinner?

3. May I take _____ _____ ?

4. Could I have _____ _____ drink, please?

5. What TV show would you like _____ _____ ?

Anders' Practice
Put It Together!

>> Harris와 Jenny는 만나서 오늘 저녁에 무엇을 먹을지 의논하고 있습니다.

Harris	Hi, Jenny. What do you want to eat tonight? 안녕, 제니. 오늘 저녁에 뭐 먹을래?
Jenny	How about Mexican food? I heard there's a good restaurant near here. 멕시코 음식 어때? 이 근처에 잘하는 식당이 있다고 들었어.
Harris	OK. Good idea! How do we get there? 응. 좋은 생각이야! 거기는 어떻게 가니?
Jenny	Let's ask someone. Excuse me, do you know where the "El Cantina" restaurant is? 누군가에게 물어보자. 실례지만, El Cantina식당이 어디에 있는지 아세요?
Stranger 행인	Yes, it's just two blocks from here. 네, 여기서 두 블록만 가시면 있습니다.
Jenny	Thank you. 감사합니다.
Stranger 행인	But hurry. I think they close at 9 p.m. 하지만 서두르세요. 그 식당은 9시에 문을 닫을 거예요.
Jenny	Oh! Do you know what time it is now? 오! 지금 몇 시인지 아세요?
Stranger	Let me take a look … it's 8:25. 한번 봅시다 … 8시 25분입니다.

정리 학습

Jenny   Good, we still have time. Let's go.
좋아요, 아직 시간이 있네요. 가자.

··· 식당에서 ···

Waitress   Hello, welcome to El Cantina! What can I get you?
안녕하세요, 엘칸티나에 오신 것을 환영합니다! 무엇을 갖다 드릴까요?

Harris   Could I have the spicy burrito, please?
매콤한 부리또를 먹을 수 있을까요?

Waitress   OK. And what would you like, ma'am?
알겠습니다. 그리고 무엇을 드시겠습니까, 손님?

Jenny   I can't decide. What's good here?
저는 결정하지 못하겠어요. 여기는 무슨 요리가 맛있습니까?

Waitress   I recommend the Carne Asada. It's a popular Mexican steak.
저는 카니 아사다를 추천합니다. 인기가 좋은 멕시코의 스테이크입니다.

Jenny   Hmm, I'm not really in the mood for beef tonight. I'll just have a salad, please.
음, 오늘 저녁에는 쇠고기가 별로 먹고 싶지 않습니다. 저는 그냥 샐러드를 먹겠어요.

Anders' Practice
Now It's Your Turn!

>> 이제 당신 차례입니다! 앞의 대화에 쓰인 표현을 기억하세요? 아래의 번역 문장을 보고 대화가 완성되도록 빈칸을 채우세요.

Harris   Hi, Jenny. _____?
　　　　　　　오늘 저녁에 뭐 먹을래?

Jenny   _____? I heard there's a good
　　　　　　멕시코 음식 어때?
restaurant near here.

Harris   OK. Good idea! How do we get there?

Jenny   Let's ask someone. Excuse me, _____?
　　　　　　　　　　　　　　　　　　　El Cantina식당이 어디 있는지 아세요?

Stranger   Yes, it's just two blocks from here.

Jenny   Thank you.

Stranger   But hurry. I think they close at 9 p.m.

Jenny   Oh! _____?
　　　　　　지금 몇 시인지 아세요?

Stranger   _____ … _____.
　　　　　　　한번 봅시다.　　8시 25분입니다.

이제 네 차례야!

Jenny   Good, we still have time. Let's go.

··· 식당에서 ···

Waitress   Hello, welcome to El Cantina! _____?
                                                                                          무엇을 갖다 드릴까요?

Harris   _____ the spicy burrito, please?
         먹을 수 있을까요

Waitress   OK. And _____, ma'am?
                                    무엇을 드시겠습니까?

Jenny   I can't decide. What's good here?

Waitress   _____ the Carne Asada. It's a popular
                  추천합니다
                  Mexican steak.

Jenny   Hmm, _____. I'll just have a salad,
                         오늘 저녁에는 쇠고기가 별로 먹고 싶지 않습니다
                  please.

CHAPTER 03

토마스와 앤더스의 업그레이드 된
착한 기초영어 회화

Pure and Simple English UPgrade

	3장에 나오는 어휘들	70
3.1	**Asking who owns something** 누가 물건의 소유주인지 묻기	72
3.2	**Asking to borrow something** 물건을 빌리기 위해 묻기	76
	세 번째 BONUS PAGE 강조를 위한 부사 사용하기	80
3.3	**Not knowing something** 어떤 것에 대해 모름	82
3.4	**Asking for a favor** 부탁하기	86
	• Put It Together! 정리 학습	90
	• Now It's Your Turn! 이제 네 차례야!	92

CHAPTER 03
THIS CHAPTER'S VOCABULARY

>> 이 장에서 학습하게 될 새로운 어휘입니다. 발음을 **CD**에서 듣고 난 후 따라 읽고 해당 어휘를 암기하세요.

- [ ] **available** [əvéiləbl]   (사람이) 시간이 있는, 바쁘지 않은
- [ ] **babysit** [béibisìt]   아이를 돌봐주다
- [ ] **belong to**   (사물이) ~의 것/소유이다
- [ ] **borrow** [bárou]   빌리다
- [ ] **brand-new** [brǽndnú:]   완전히 새것의, 신상품의
- [ ] **concert** [kánsə:rt]   음악회, 연주회
- [ ] **favor** [féivər]   친절한 행위, 호의
- [ ] **grab** [græb]   거머쥐다, 집어들다
- [ ] **gravy** [gréivi]   그레이비(육즙에 밀가루와 물을 섞어 만든 소스)
- [ ] **hold** [hould]   들다
- [ ] **lend** [lend]   빌려주다

3장에 나오는 어휘들

☐	**museum** [mju:zí:əm]	박물관, 미술관
☐	**pack** [pæk]	싸다
☐	**package** [pǽkidʒ]	소포
☐	**painting** [péintiŋ]	그림
☐	**return address**	반송지 주소, 회신 주소
☐	**seat** [si:t]	좌석
☐	**timetable** [táimtèibl]	시간표

Chapter 03
3.1 Asking who owns something
누가 물건의 소유주인지 묻기

 Is this your hat?
이것은 당신의 모자입니까?

 Whose hat is this?
이것은 누구의 모자입니까?

 **Does this hat belong to you?**
이 모자는 당신의 것입니까?

- **UP** 물건의 소유주가 누구인지 알아내기 위한 가장 간편한 방법으로 **be** 동사로 시작하여 직접 묻는 것입니다. **your hat**이라고 직접적인 사물을 사용하여 물을 수도 있고, 듣는 사람이 당신이 말하는 사물을 알고 있을 경우에는, **Is this yours / mine / hers / his / ours / theirs**?라고 소유대명사를 사용하여 물을 수 있습니다.

- **UP** 다음으로 **whose** 소유형용사를 사용하는 것이고, 일반적으로 소유물에 대한 물음으로 시작하며 사용됩니다.

- **UP** 마지막으로 **belong to**와 같은 동사구를 사용할 수도 있습니다.

VOCABULARY
- **belong** [bilɔ́ŋ] 소속하다, 속하다
- **own** [oun] 자신의, 소유하다
- **wear**[wɛər] / **wearing** 입다/입기

A: Is this your hat?
이것은 당신의 모자입니까?

B: Yes, that's mine.
네, 그것은 나의 것입니다.

A: Whose hat is this?
이것은 누구의 모자입니까?

B: I think it's Ted's. I saw him wearing it the other day.
그것은 테드의 것이라고 생각합니다. 나는 일전에 그가 그 모자를 쓰고 있는 것을 보았습니다.

A: Excuse me, does this hat belong to you?
실례합니다, 이 모자가 당신의 것인가요?

B: No, that's not mine. It must belong to someone else.
아니요, 그것은 제 것이 아닙니다. 다른 사람의 것임에 틀림없습니다.

It's Ted's. 그것은 테드의 거야.

아포스트로피 s를 모자와 같은 일반 사물의 소유격으로 표시하고자 할 때 함께 사용하는 것을 볼 수 있습니다.

- **Ted's hat** (테드의 모자)

하지만, 듣는 사람이 어떤 물건을 설명하는지 알고 있다면, 그 명사를 생략할 수 있습니다.

- [그 모자를 가리키며] **That's Ted's.** (저것은 테드 거야.)

Examples

- **Excuse me, is this your seat?**
  실례합니다, 여기는 당신의 좌석입니까?

- **This watch belonged to my grandfather.**
  이 시계는 나의 할아버지의 것이었습니다.

- **That pen isn't mine. I think it's Jerry's.**
  그 펜은 내 것이 아닙니다. 그것은 제리의 것 같습니다.

- **Whose car is that? It looks brand-new.**
  저것은 누구의 자동차입니까? 그것은 신상품처럼 보여요.

- **This computer belongs to the company. You shouldn't take it home.**
  이 컴퓨터는 회사의 소유입니다. 당신은 그것을 집으로 가져가서는 안 됩니다.

- **This phone must be Linda's. I saw her using it yesterday.**
  이 전화기는 린다의 것이 틀림없습니다. 저는 그녀가 어제 그것을 사용하고 있는 것을 보았습니다.

Thomas' Exercises

Sample 답안 288p

>> 아래의 그림을 참고하세요. 그리고 여러분의 반 친구들에게 다양한 옷차림을 한 사람들에 대해 교대로 질문하세요.

Hank   Daisy   Gabriella

Examples

학생 1   Whose blue shorts are these?
이것은 누구의 파란색 반바지입니까?

학생 2   They're Daisy's.
그것은 데이지의 것입니다.

학생 2   Does this yellow sweater belong to Gabriella?
이 노란색 스웨터는 가브리엘라의 것입니까?

학생 1   No. It belongs to Hank.
아니요. 그것은 행크의 것입니다.

Chapter 03
3.2 Asking to borrow something
물건을 빌리기 위해 묻기

 Can I borrow your phone?
제가 당신의 전화기를 빌릴 수 있을까요?

 Could you lend me your phone?
당신의 전화기를 제게 빌려주시겠습니까?

 **Do you mind if I borrow your phone?**
제가 당신의 전화기를 빌려도 괜찮으시겠습니까?

UP 허락을 얻기 위해, **can** 또는 **could**를 문장 첫머리에 사용할 수 있습니다. 두 어휘는 거의 바꿔 사용할 수 있으며, **could**의 경우 좀 더 예의를 갖춘 느낌을 줍니다.

UP 또한 **do you mind**라는 표현으로, 상대방이 물건을 빌려주는 것에 대해 거부감이 있는지를 묻기 위해 사용합니다.

UP **lend**와 **borrow** 두 어휘는 같은 의미의 양면입니다. 어떤 어휘를 선택할 것인가에 따라 그 문장의 주어와 목적어가 결정됩니다. 예를 들어 누가 빌려주는 것인지 그리고 누가 그것을 빌리는 것인지에 대해서 말입니다.

lend　　　　　　　　　borrow
lender　　　　　　　　borrower

VOCABULARY

- **borrow** [bárou] 빌리다
- **lend** [lend] 대출하다, 빌려주다
- **smoke** [smouk] 연기, 연기를 뿜다

A: Can I borrow your phone?
당신의 전화기를 빌릴 수 있을까요?

B: Sure, here you go.
네, 여기 있습니다.

A: Could you lend me your phone?
당신의 전화기를 제게 빌려주시겠습니까?

B: OK, just give it back to me later.
네, 나중에 제게 돌려주세요.

A: Do you mind if I borrow your phone?
제가 당신의 전화기를 빌려도 괜찮겠어요?

B: Hold on, I'm using it right now. Please give me a minute.
잠시만요, 지금 전화기를 사용하고 있습니다. 잠시만 기다려 주세요.

Here you are. 여기 있습니다.

다른 사람에게 물건을 건네줄 때, 아래의 표현 중 한 가지를 선택하여 사용할 수 있습니다:

- **Here you are.**
  여기 있습니다.
- **Here you go.**
  여기 있습니다.

그러나 만약 당신이 **Here it is.**라고 말한다면, 그것은 사물의 위치를 표현하는 것이며, 당신이 찾고 있는 물것을 찾았을 때 일반적으로 사용할 수 있습니다.

Examples

- Can I borrow some milk?
  우유 좀 빌릴 수 있을까요?

- Do you mind if I turn on the TV?
  제가 TV를 켜도 괜찮겠어요?

- Do you mind if I smoke here?
  제가 여기서 담배를 피워도 괜찮겠어요?

- Could you lend my sister your car this weekend?
  이번 주말에 제 여동생에게 당신의 자동차를 빌려주실 수 있으세요?

- Sure. Just give it back to me when you're finished.
  네. 당신이 다 사용하고 나시면 제게 돌려주세요.

- Hold on, I'm busy right now. Let me call you back later.
  잠시만요, 저는 지금 바쁩니다. 나중에 다시 전화 드리겠습니다.

Thomas' Exercises

Sample 답안 289p

1. A: _____ your computer?
   (제가 빌릴 수 있을까요) 당신의 컴퓨터를
   B: Yes, _____.
   네, (여기 있습니다)

2. A: Do you mind if I _____?
   당신은 괜찮겠어요 만약 제가 (TV 전원을 끄다면)
   B: _____, I'm watching this show.
   (잠시만요) 저는 이 쇼를 시청하고 있습니다.

3. A: Can you _____ your jacket?
   당신의 재킷을 (제게 빌려) 주시겠습니까?
   B: OK. Just _____ tonight.
   네. 오늘 밤에 (그것을 제게 돌려주세요.)

>> 이제, 학습한 세 가지 종류의 문장을 사용하여 그들의 물건 중 하나를 빌리는 것을 반 친구들에게 교대로 질문해보세요. 만약 당신이 원한다면 세 질문 모두 한 가지 물건을 빌리기 위해 시도할 수도 있습니다.

학생1 Excuse me, could you lend me your eraser?
실례합니다, 저에게 지우개를 빌려 주시겠습니까?

학생2 Of course! Do you mind if I borrow your coat?
물론입니다! 제가 당신의 코트를 빌려도 괜찮겠어요?

학생1 Sure. Here you are.
네. 여기 있습니다.

Using Adverbs for Emphasis

>> 설명을 명확하게 하거나 강조하기 위해 부사를 사용합니다. 부사를 사용하는 것은 문장을 직접적이고 간단하게 만들거나 강렬한 감정을 전달하는 데 좋습니다.

I am tired.
저는 피곤합니다.
I am a bit tired.
저는 약간 피곤합니다.
I am somewhat tired.
저는 다소 피곤합니다.
I am very tired.
저는 매우 피곤합니다.
I am incredibly tired.
저는 엄청나게 피곤합니다.

>> 부사의 좋은 점은 다양성입니다. 내용을 강조하는 것 외에도 방법이나 시간, 장소, 정도 또는 빈도 등에 대해 좀 더 자세히 말하기 위해 쓰입니다. 부사는 동사, 형용사, 심지어 다른 부사와도 함께 쓰입니다.

I cried a lot.
저는 많이 울었어요.
I cried all day.
저는 하루 종일 울었어요.
I cried nonstop.
저는 쉬지 않고 울었어요.
I cried loudly.
저는 큰소리로 울었어요.

강조를 위한 부사 사용하기

Sample 답안 290p

>> 문장을 좀 더 흥미롭게 하거나 강조하기 위해 아래의 부사를 사용하세요. 아래의 글에 새로운 부사를 추가하여 다시 글을 만든 후 여러분의 반 친구에게 당신의 글을 읽어주세요.

extremely [ikstríːmli]
극히, 극심하게

surprisingly [sərpráiziŋli]
놀랄 만하게

pretty [príti]
제법, 아주

really [ríːəli]
정말로

very [véri]
매우

so much
굉장히 많이

suddenly [sʌ́dnli]
갑자기

quickly [kwíkli]
빨리, 곧

loudly [láudli]
큰 소리로

awfully [ɔ́ːfəli]
몹시, 엄청

quite [kwait]
상당히

finally [fáinəli]
마침내

The other day, it rained. The sky was dark. The thunder was loud, so my dog got scared. It was wet outside, so I stayed inside. I was bored. I didn't know what to do. Then, I began to dance and sing. It was fun. It made the time pass. I realized I had been singing all day. The rain had stopped now. I could go outside.

_____

_____

_____

_____

Chapter 03
3.3 Not knowing something
어떤 것에 대해 모름

 I don't know.
저는 모릅니다.

 I'm not sure.
저는 잘 모릅니다.

 **I have no idea (about that).**
저는 (그것에 대해) 전혀 모릅니다.

UP 여러분이 모르는 것에 대해 누군가가 물을 때, 대답하기 가장 쉬운 방법은 **I don't know.**(나는 모릅니다.)라고 말하는 것입니다.

UP 다음으로 **sure**를 사용하는 방법이 있습니다. 확실성을 표현할 때 이 형용사를 대개 사용하지만, 부정적인 상황이라면, 불확실성을 표현할 때 그것을 사용합니다.

UP 마지막으로 **I have no idea.**는 어떤 것인가에 대해 전혀 모른다고 표현하는 가장 좋은 방법입니다. 그것은 정보가 없음을 나타냅니다.

VOCABULARY

- **concert** [kánsə:rt] 음악회
- **painting** [péintiŋ] 그림, 그림 그리기
- **museum** [mju:zí:əm] 박물관, 미술관
- **close** [klouz] 닫다

A: What time is it?
몇 시입니까?

B: I don't know.
저는 모릅니다.

A: When does the bus leave?
버스는 언제 출발합니까?

B: I'm not sure. Check the timetable.
저는 잘 모릅니다. 시간표를 확인하세요.

A: Do you know when the museum closes?
박물관이 언제 문을 닫는지 알고 있습니까?

B: I have no idea. You'll have to ask someone else.
저는 전혀 모릅니다. 다른 사람에게 물어보는 게 좋겠어요.

Check the timetable. 시간표를 확인하세요.

check 동사는 무엇인가를 조사하거나 확인하는 것을 의미합니다. 보고서, 시간표, 뉴스 또는 다른 정보에 기반한 소식에 대해 이야기할 때 자주 사용합니다.

- **I need to know tomorrow's weather. Please check the weather report.**
  저는 내일 날씨를 알고 싶습니다. 날씨 예보를 확인해 주세요.

그러나 **check out**이라는 의미와 혼동하지 마세요. 이것은 새로운 것을 보고 시도하는 것을 의미합니다. 추천할 때 빈도 높게 사용됩니다.

- **You should check out this new TV show.**
  이 새로운 TV 쇼 프로그램을 확인해 보시는 것이 좋겠어요.

Examples

- ✓ What day/date is it?
  오늘은 무슨 요일/ 며칠입니까?

- ✓ I'm not sure if she loves me.
  그녀가 나를 사랑하는지 나는 잘 모릅니다.

- ✓ Do you know when the concert ends?
  콘서트가 언제 끝나는지 알고 있습니까?

- ✓ When does the plane arrive?
  비행기는 언제 도착합니까?

- ✓ I have no idea who painted this painting.
  저는 이 그림을 누가 그렸는지 전혀 모릅니다.

- ✓ If you want to use the car, you'll have to ask your dad.
  만약 그 자동차를 이용하기를 원하면, 아버지께 여쭤보는 게 좋겠어요.

Thomas' Exercises

💬 Sample 답안 291p

>> 주어진 물음이나 대답에 알맞은 문장을 자유롭게 구성하여 아래 빈칸에 쓰세요. 마지막 예시에서는 이 장에서 학습한 문장을 사용하여 자유로운 일상 대화를 만드세요.

1. A: _____?
   B: I'm not sure when the store opens.
      저는 가게가 언제 문을 여는지 잘 모릅니다.

2. A: Do you know who wrote this song?
      이 노래를 누가 작곡했는지 알고 있나요?
   B: _____.

3. A: _____?
   B: I have no idea what time it is.
      지금 몇 시인지 저는 전혀 모릅니다.

4. A: Do you know when the bus arrives?
      버스가 언제 도착하는지 알고 있나요?
   B: _____.

5. A: _____?

   B: _____.

85

Chapter 03 3.4

Asking for a favor
부탁하기

Could you hold my bag for me?
제 가방을 들어 주시겠습니까?

Can you do me a favor? Please hold my bag.
부탁 하나 드려도 될까요? 제 가방을 들어주세요.

Do you mind holding my bag for me?
제 가방 좀 들어주시겠어요?

UPGRADE

- **UP** 다시 말해, **can**과 **could**는 요청할 때 사용됩니다. **for me**를 붙이는 것과의 차이점은 이 요청이 나의 이익을 위한 것임을 나타내는 것입니다.

- **UP** 두 번째 문장에서는, **Can you do me a favor?** (부탁 하나 드려도 될까요?) 라고 정중하게 부탁 드린 후 다른 문장으로 부탁 내용을 말합니다.

- **UP** 가장 좋은 문장은 동사 **mind**를 사용하는 것입니다. 이 동사는 무엇인가에 대해 귀찮음 또는 거부를 표현하며, 요청 사항이 상대방을 방해하는 것이 아닌지를 확실하게 물을 때 사용합니다. **Do you mind** 또는 **Would you mind** 중 하나를 사용할 수 있고, 어떤 경우든 **mind** 뒤에 동명사가 옵니다.

VOCABULARY

- ☐ **available** [əvéiləbl] 이용할 수 있는, 유용한
- ☐ **favor** [féivər] 친절한 행위, 호의
- ☐ **hold** [hould] 잡아두다, 거행하다
- ☐ **babysitting** [beiˈbisiˌtiŋ] 아이를 봄
- ☐ **grab** [græb] 잡다
- ☐ **seat** [siːt] 의자

A: Could you hold my bag for me? Thanks.
제 가방을 들어 주시겠습니까? 고맙습니다.

B: No problem.
물론입니다.

A: Can you do me a favor? Please hold my bag.
부탁 하나 들어주시겠습니까? 제 가방을 들어 주세요.

B: Sorry, I'm a bit busy now.
죄송합니다만, 저는 지금 좀 바쁩니다.

A: Do you mind holding my bag for me?
제 가방을 좀 들어 주시겠습니까?

B: NO, I don't mind. Take your time.
괜찮습니다. 천천히 하세요.

No problem. #2
괜찮습니다.

제1장(page 31)에서 살펴보았듯이, 어렵지 않은 일을 하는 것에 대해서도 **No problem**.이라고 사용할 수도 있습니다. 누군가가 **Thank you**. (감사합니다.)라고 말한 후 별일 아니라고 감사해하지 않아도 된다고 표현할 때 **No problem**.(괜찮아요.)라고 대답할 수 있습니다. 또한, 같은 상황에서 **My pleasure**.라고도 대답할 수 있으며, 사람들을 돕는 것이 기쁨임을 나타낼 때 사용합니다.

유사한 표현으로, 누군가가 급하게 서두르는 것처럼 보이면, 진정시키고 편안하게 느끼게 하기 위해 **Take your time**.이라고 말합니다.

Examples

- ✓ **Can you grab that book for me?**
  저 책을 집어들어 주시겠어요?

- ✓ **Could you do me a favor? Pass the gravy, please.**
  부탁을 하나 들어주시겠습니까? 그레이비 소스를 건네주세요.

- ✓ **Could you take my picture for me?**
  제 사진을 찍어 주시겠습니까?

- ✓ **Do you mind babysitting my kids for me?**
  제 아기들을 돌봐줄 수 있으시겠습니까?

- ✓ **Sorry, I'm not available this weekend.**
  죄송합니다, 저는 이번 주말에는 시간을 낼 수 없습니다.

- ✓ **Take all the time you need.**
  당신이 필요로 하는 시간을 충분히 가지세요.

Thomas' Exercises

Sample 답안 292p

>> 학습한 세 가지 문장 구조를 활용하여 아래의 이미지와 관련된 **favor questions** (부탁하는 의문문)을 만드세요.

1. _____ ?   2. _____ ?

3. _____ ?   4. _____ ?

5. _____ ?

Anders' Practice
Put It Together!

>> Melissa는 회사에서 짐을 정리하고 있습니다. 그녀는 동료인 Zach에게 도움을 요청합니다.

Melissa	Zach, could you do me a favor? 재크, 부탁 하나 해도 될까요?
Zach	Sure! What can I do for you? 물론입니다! 무엇을 도와 드릴까요?
Melissa	Could you go to the post office with me? I have to mail some packages. 함께 우체국에 가주시겠어요? 소포 몇 개를 발송해야 합니다.
Zach	Actually, I'm a little busy right now. Could we go after lunch? 실은, 제가 지금 약간 바쁩니다. 점심식사 이후에 가도 될까요?
Melissa	No problem. We can leave at 1 p.m. Take your time. 괜찮습니다. 오후 1시에 출발해요. 천천히 하세요.

··· 우체국에서 ···

Zach	Melissa, there's a problem. This package doesn't have a return address. 멜리사, 문제가 있습니다. 이 소포에 반송지 주소가 표기돼 있지 않습니다.
Melissa	Really? Let me see. 정말요? 어디 봐요.

정리 학습

Zach Whose package is it?
그것은 누구의 소포입니까?

Melissa I'm not sure.
잘 모르겠습니다.

Zach Why don't you call the office and ask them?
사무실로 전화해서 물어보는 것 어때요?

Melissa Good idea. Could I borrow your phone?
좋은 생각이에요. 당신의 전화기를 제가 빌릴 수 있을까요?

Zach Of course.
물론입니다.

Melissa [전화로] Hello, Mike? This is Melissa. Could you help me out? I have a package here for a "Mr. Tanahashi". Do you know who it's from?
[전화로] 여보세요, 마이크에요? 저는 멜리사입니다. 저 좀 도와주실 수 있어요? 제가 여기 타나하시 씨라는 사람에게 보내는 소포를 가지고 있습니다. 이것은 누가 보내는 것인지 아세요?

Mike Yes, I think that's Ursula's package. I saw her packing it this morning.
네, 제 생각에는 그것은 우르술라의 소포입니다. 그녀가 오늘 아침에 그걸 포장하는 것을 보았습니다.

Melissa Great! Thanks, Mike.
알겠습니다! 고맙습니다, 마이크.

Anders' Practice
Now It's Your Turn!

>> 이제 당신 차례입니다! 앞의 대화에 쓰인 표현을 기억하세요? 아래의 번역 문장을 보고 대화가 완성되도록 빈칸을 채우세요.

Melissa Zach, _____?
 부탁 하나 해도 될까요

Zach Sure! What can I do for you?

Melissa _____? I have to mail some
 저와 함께 우체국에 가주시겠어요?
 packages.

Zach Actually, _____. Could we go after lunch?
 제가 지금 좀 바쁩니다

Melissa _____. We can leave at 1 p.m. Take your time.
 괜찮습니다.

··· 우체국에서 ···

Zach Melissa, there's a problem. This package doesn't have a return address.

Melissa Really? Let me see.

이제 네 차례야!

Zach   _____ ?
        그것은 누구의 소포입니까?

Melissa _____ .
        저는 잘 모릅니다.

Zach   Why don't you call the office and ask them?

Melissa Good idea. _____ ?
        당신의 전화기를 빌릴 수 있을까요?

Zach   Of course.

Melissa [전화로] Hello, Mike? This is Melissa. Could you help me out? I have a package here for a "Mr. Tanahashi". Do you know who it's from?

Mike   Yes, _____ .
                    제 생각에는 우르술라의 소포입니다
        I saw her packing it this morning.

Melissa Great! Thanks, Mike.

93

CHAPTER 04

토마스와 앤더스의 업그레이드 된
착한 기초영어 회화

Pure and Simple English UPgrade

| | 4장에 나오는 어휘들 | 96 |

4.1 Expressing a decision or plan
결정이나 계획 말하기 — 98

4.2 Prohibiting an action
행동을 금지하기 — 102

네 번째 BONUS PAGE
문장 연결을 위한 접속사 사용하기 — 106

4.3 Asking for permission
허락 요청하기 — 108

4.4 Thanking someone
누군가에게 감사하기 — 112

- Put It Together! 정리 학습 — 116

- Now It's Your Turn! 이제 네 차례야! — 118

CHAPTER 04 THIS CHAPTER'S VOCABULARY

>> 이 장에서 학습하게 될 새로운 어휘입니다. 발음을 **CD**에서 듣고 난 후 따라 읽고 해당 어휘를 암기하세요.

☐	**allow** [əláu]	허용하다, 허락하다
☐	**animal** [ǽnəməl]	동물
☐	**concern** [kənsə́ːrn]	관심, 염려
☐	**congratulations** [kəngrǽtʃuléiʃəns]	축하해요
☐	**decide** [disáid]	결정하다
☐	**flight** [flait]	비행, 항공편
☐	**hurry** [hə́ːri, hʌ́ri]	서두르다, 급히 하다
☐	**hurt someone's feelings**	~의 기분을 상하게 하다
☐	**greeting** [gríːtiŋ]	인사, 인사말
☐	**instead** [instéd]	(그) 대신에
☐	**make a living**	생계를 유지하다
☐	**outside** [áutsáid]	바깥으로

4장에 나오는 어휘들

- [ ] **permission** [pərmíʃən] — 허용, 허락
- [ ] **permit** [pərmít] — 허용하다, 허락하다
- [ ] **pet** [pet] — 애완동물
- [ ] **plan to** — ~하려고 하다
- [ ] **prohibit** [prouhíbit] — 금지하다, 못하게 하다
- [ ] **quit** [kwIt] — 그만두다
- [ ] **recipe** [résəpi] — 조리법, 요리법
- [ ] **sign** [sain] — 신호, 표지
- [ ] **support oneself** — 자립하다
- [ ] **worry** [wə́:ri] — 걱정하다
- [ ] **you're welcome** — 천만에, 별말씀을요

Chapter 04
4.1 Expressing a decision or plan
결정이나 계획 말하기

 I'm going to quit my job.
저는 일을 그만둘 생각입니다.

 I've decided to quit my job.
저는 일을 그만두기로 결정했어요.

 **I'm planning on quitting my job.**
저는 일을 그만두려고 합니다.

UP be going to는 계획된 활동 또는 일정을 말할 때 사용하는 미래 시제입니다.

UP 두 번째 문장에서, decide(결정하다) 동사는 무엇인가 하는 것을 decision(결정)하는 것을 나타냅니다. be going to 와 decide to 모두 to부정사 형태 (to quit)가 바로 뒤에 옵니다.

UP plan on은 앞으로 일어날 일에 대해 기대하는 것을 나타냅니다. 다른 형태와는 다르게 동명사 (quitting)가 바로 뒤에 옵니다.

VOCABULARY

- ☐ **congratulations** [kəngrætʃuléiʃəns] 축하
- ☐ **planning to** 계획하다
- ☐ **recipe** [résəpi] 조리법, 요리법
- ☐ **decided** [disáidid] 결정적인, 단호한
- ☐ **decision** [disíʒən] 결정
- ☐ **quit** [kwit] 그만두다
- ☐ **support someone** 누군가를 응원하다

A: I'm going to quit my job.
저는 일을 그만둘 생각입니다.

B: Congratulations!
축하해요!

A: I've decided to quit my job.
저는 일을 그만두기로 결정했습니다.

B: Then, how will you make a living?
그렇다면, 어떻게 생계를 유지할 거니?

A: I'm planning on quitting my job.
저는 일을 그만두려고 합니다.

B: Good for you! I hope it works out well.
잘 됐어요! 나는 그 일이 잘 풀리길 바랍니다.

make a living 생계를 유지하다

이 표현은 음식을 사기 위해, 집세를 내기 위해 등 살아가기 위해 다른 필요 용품들을 사려고 돈을 버는 것과 관련됩니다.

How will you support yourself?(너 어떻게 자립할 거니?) 또는 **support your family**(가족을 부양하다)로 물어볼 수 있습니다.

Examples

- ✓ I'm planning on buying a new house next year.
  저는 내년에 새 집을 사려 합니다.

- ✓ I'm not going to quit smoking anytime soon.
  저는 빠른 시간 안에는 금연하지 않습니다.

- ✓ We've decided to get married.
  우리는 결혼하기로 결정했습니다.

- ✓ How will you support yourself next year?
  너는 내년에는 어떻게 자립할 거니?

- ✓ Then, how will you make a decision?
  그렇다면, 어떻게 결정할 거니?

- ✓ I hope this cake recipe works out well.
  저는 이 케이크 조리법이 잘 진행되기를 바랍니다.

Thomas' Exercises

Sample 답안 293p

>> 아래의 결정 사항을 어떻게 발표하시겠습니까? 학습한 세 가지 방법을 활용하세요.

A. Go on a diet:
다이어트를 하다

① _____
② _____
③ _____

B. Quit drinking:
금주하다

① _____
② _____
③ _____

C. Buy a new car:
새 차를 사다

① _____
② _____
③ _____

D. Try a new recipe:
새로운 조리법을 시도하다

① _____
② _____
③ _____

Chapter 04
4.2 Prohibiting an action
행동을 금지하기

 Don't sit there.
거기 앉지 마세요.

 You shouldn't sit there.
거기 앉으시면 안 돼요.

 **You're not allowed to sit there.**
거기 앉는 것은 허용되지 않습니다.

UP 어떤 것을 금지시키기 위한 가장 쉬운 방법은 **do not**의 축약형인 **don't**를 사용하는 것입니다. **don't** 뒤에는 하지 말아야 할 행동의 동사(**sit**)가 옵니다.

UP 두 번째 문장에서, 누군가가 하지 말아야 할 것을 설명할 때 **should**의 부정형 **shouldn't**를 사용합니다. 이런 문장 형태는 다른 두 유형만큼 강력하지는 않으며, 조언할 때 가장 많이 사용됩니다.

UP 세 번째 문장의 **allow**는 허락을 표현하는 동사로 사용됩니다. 일반적으로, 누군가가 (예를 들어 정부 또는 상사) 해야 할 것을 허락할지 결정하는 것을 의미합니다.

UP 두 번째 문장과 세 번째 문장은 일반적인 주어(**you**)로 시작한 것에 주의하세요, 첫 번째 문장은 주어를 포함하지 않고 명령문으로서 동사로 시작했으니까요.

VOCABULARY

- **allow** [əláu] 허용하다
- **instead** [instéd] 그 대신에
- **hurt someone's feelings** 상대방의 기분을 상하게 하다
- **prohibiting** [prəhíbitiŋ] 금지하기

A: **Don't sit there.**
거기에 앉지 마세요.

B: **I'm sorry.**
죄송합니다.

A: **You shouldn't sit there.**
거기에 앉으시면 안 됩니다.

B: **Sorry. I didn't know that.**
죄송합니다. 저는 그것을 몰랐습니다.

A: **You are not allowed to sit there.**
거기에 앉는 것은 허용돼 있지 않습니다.

B: **Really? Then, where should I sit instead?**
정말입니까? 그렇다면 대신에 어디에 앉아야 합니까?

instead 대신에

다른 곳을 대신해서 차지하게 되는 것을 나타낼 때, **instead**라는 어휘를 사용할 수 있습니다.

- **Don't eat that cake. Eat this one instead.**
  그 케이크 먹지 마. 대신에 이것을 먹어.

특히 대체하는 제안 사항을 제의하기 위한 유용한 표현입니다.

A: **Should I buy this plane ticket?**
제가 이 비행기 표를 사야 합니까?

B: **No, buy that one instead. It's cheaper.**
아닙니다, 대신에 저것을 사세요. 더 저렴합니다.

Examples

- ✓ Don't smoke here, please.
  여기서 흡연하지 마세요.

- ✓ They shouldn't eat on the subway.
  지하철에서 음식을 먹어서는 안 됩니다.

- ✓ You don't want to meet at the subway? Then, where should we meet instead?
  지하철에서 만나는 것을 원하지 않는다고요? 그렇다면, 대신에 어디에서 만날까요?

- ✓ I'm sorry (that) I hurt your feelings.
  당신의 기분을 상하게 해서 죄송합니다.

- ✓ Sorry, I didn't see the sign.
  죄송합니다, 제가 그 신호를 보지 못했습니다.

- ✓ The students are not allowed to go home early.
  학생들은 집에 일찍 가는 것이 허용되지 않습니다.

Thomas' Exercises

Sample 답안 294p

>> 등장인물들이 그림의 상황에 알맞게 말하도록 빈칸을 채우세요.

1. 남자: _____

   소년: _____

2. 여자: _____

   남자: _____

3. 상사: _____

   직원: _____

Adding conjunctions

>> 영어 실력을 향상시키기 위한 주요 방법 중 한 가지는 독립된 문장들을 접속사를 사용하여 연결하는 것입니다. 문장을 연결하는 것은 영어 표현을 더 자연스럽게 만들고, 듣는 사람과 글을 읽는 사람들이 더 흥미로워할 수 있도록 하는 것입니다.

① 추가 정보 **and**

| My brother is a doctor | **AND** | my sister is an actress. |
| 나의 형은 의사입니다. | 그리고 | 나의 누나는 여배우입니다. |

② 대조적인 정보 **but**

| Her job is tough | **BUT** | the pay is good. |
| 그녀의 일은 거칩니다. | 그러나 | 급여는 좋습니다. |

③ 이유 **because**

| She is popular | **BECAUSE** | she is so kind. |
| 그녀는 인기가 좋습니다. | 왜냐하면 | 그녀는 매우 친절하기 때문입니다. |

④ 선택 또는 대안 **or**

| We can eat at home | **OR** | go to a restaurant. |
| 우리는 집에서 먹을 수 있습니다. | 아니면 | 음식점에 갈 수 있습니다. |

⑤ 시간 **while / when / after / before** (동안/때/이후에/이전에)

| The people stopped dancing | **WHEN** | the music was turned off. |
| 사람들이 춤추기를 멈추었습니다. | 때 | 음악이 꺼졌을 때 |

문장 연결을 위한 접속사 사용하기

>> 네모 칸 안에 있는 접속사를 사용하여 아래 이야기의 빈칸을 채워 넣으세요.

and 그리고	if 만약	while ~하는 동안에, 반면에
but 그러나	because 왜냐하면	except 제외하고
so 그래서	or 아니면, 또는	

Christmas is my favorite holiday _____ I can spend time with my whole family, _____ my oldest brother. He lives in another country _____ he can't visit us.

On Christmas Eve, my family either goes to my grandmother's house, _____ she comes to visit our house. I prefer staying at my grandma's house. The view is always so pretty there, especially _____ it is snowing.

During the day, I decorate the house _____ helping Grandma prepare the food. I love Christmas food, _____ unfortunately, it makes me put on weight. In the evening, we sing Christmas carols _____ open our presents.

Chapter 04
4.3 Asking for permission
허락 요청하기

 Can I smoke here?
제가 여기서 흡연해도 될까요?

 Is it OK if I smoke here?
제가 여기서 흡연해도 괜찮으세요?

 **Am I allowed to smoke here?**
제가 여기서 흡연하는 것이 허용됩니까?

- **UP** 허락을 요청하기 위한 가장 쉬운 방법은 가능성을 묻는 **can** 조동사를 사용하는 것입니다. 또한 조동사 **may**도 사용할 수 있습니다. **May I smoke here?**(여기서 흡연해도 될까요?), 이런 표현은 더 정중한 표현이며 다소 일상적인 것은 아닙니다.

- **UP** 허락을 요청하기 위해 **be** 동사를 사용할 수 있습니다. **Is it OK?** (괜찮아요?). 여기서 it은 사물을 의미하는 것은 아니며, 일반적인 상황을 나타냅니다.

- **UP** 마지막으로, 다음 페이지에서 좀 더 공부하게 되는 **allow** 또는 **permit**과 같은 특정한 동사를 사용할 수도 있습니다.

VOCABULARY

- ☐ **outside** [áutsáid] 바깥쪽으로
- ☐ **prohibit** [prouhíbit] 금지하다, 방해하다
- ☐ **permit** [pərmít] 허용하다, 인가
- ☐ **permission** [pərmíʃn] 허락

A: Can I smoke here?
여기서 흡연해도 될까요?

B: Sure, go ahead.
그럼요, 그렇게 하세요.

A: Is it OK if I smoke here?
여기서 흡연해도 괜찮을까요?

B: No, smoking is not permitted here.
아니요, 여기서는 흡연이 허용되지 않습니다.

A: Am I allowed to smoke here?
여기서 흡연하는 것이 허용됩니까?

B: Sorry, sir, smoking is prohibited. Please go outside.
죄송합니다, 흡연은 금지돼 있습니다. 밖으로 나가주세요.

permitted / prohibited
허락된 / 금지된

앞 페이지에서 언급한 **permitted** (허락된)는 **allowed** 어휘와 동의어입니다. 두 어휘 모두 허락된 것을 나타냅니다.

prohibit은 반대의 뜻을 가진 어휘이며, 무엇인가를 하는 것이 허락되지 않는 것을 의미합니다.

Smoking prohibited (흡연 금지) 또는 **Photography permitted in this room**. (이 방에서는 사진 촬영이 허용됩니다.)와 같이 이러한 어휘가 사용된 경고문을 볼 수 있습니다.

Examples

- Can I eat here?
  여기서 먹어도 되나요?

- Is it OK if I take photos here?
  여기서 사진 촬영해도 괜찮나요?

- Is she allowed to park her car there?
  그녀가 거기에 자동차를 세워도 되나요?

- Sorry, the shop is closed now. Please come back again tomorrow.
  죄송합니다, 지금 가게 문을 닫았습니다. 내일 다시 오세요.

- It is prohibited to take photos during the concert.
  콘서트가 진행되는 동안 사진 촬영은 금지됩니다.

- The museum's visitors are not permitted to enter here.
  박물관 방문자들은 여기 들어 오실 수 없습니다.

Thomas' Exercises

Sample 답안 296p

>> 질문(금지된 사항인지 묻기)에 대해 작성하고 아래의 표시에 맞춰 대답을 만드세요.

1.

   A:_____?
   B:_____.

2.

   A:_____?
   B:_____.

3.

   A:_____?
   B:_____.

4.

   A:_____?
   B:_____.

Chapter 04
4.4 Thanking someone
누군가에게 감사하기

Thank you. / Thanks.
감사합니다.

Thank you for your greeting.
안부 인사 고마워요.

Thanks for taking the time to write to me.
제게 (편지를) 쓰기 위해 시간 내어 주셔서 감사합니다.

UP 알다시피, 누군가에게 고마워할 때 **Thank you.**(고마워.)라는 간단한 표현을 사용합니다. 좀 더 격식 차리지 않는 방법으로 **Thanks.**라고도 말합니다.

UP 좀 더 흥미롭게 하기 위해서, 무엇에 대해 감사한지를 설명하기 위해 **for**를 뒤에 넣어도 좋습니다. 이런 문장 구조에서, **your greeting**을 **for** 뒤에 사용합니다.

UP 명사를 대신하여, 동명사를 사용하여 누군가에게 감사함을 표현해도 좋습니다. 여기서 **taking the time to**(~ 위해 시간 내줘서) 뒤 동사(**write**)로 그것이 당신에게 어떻게 도움되었는지를 설명합니다.

VOCABULARY

- concern [kənsə́:rn] 걱정하다, 관심
- greeting [grí:tiŋ] 인사
- hurry [hə́:ri, hʌ́ri] 서두르다, 급히 하다
- opportunity [àpərtjú:nəti] 기회
- worry [wə́:ri] 걱정하다
- you're welcome to ~ 괜찮아요

A: Thank you.
감사합니다.

B: You're welcome.
별말씀을요.

A: Thank you for your greeting.
안부 인사 감사합니다.

B: It's my pleasure.
별말씀을요.

A: Thanks for taking the time to write to me.
나에게 (편지를) 쓰기 위해 시간 내어 줘서 고마워.

B: There's no need to thank me. That's what friends are for.
내게 고마워할 필요 없어. 그게 친구 좋다는 거잖아.

That's what friends are for.
그게 친구 좋다는 것이지.

이런 관용적인 표현은 친구 사이에 당연한 것을 표현하기 위해 사용됩니다. 친구끼리 서로에게 잘 대해주고 돕는다는 의미를 함축하고 있으며, 서로에게 고마워할 필요가 없음을 나타냅니다.

Examples

- ✓ Thank you for your concern.
  염려해 주셔서 감사합니다.

- ✓ Thanks for taking the time to help me.
  저를 돕기 위해 시간 내주셔서 감사합니다.

- ✓ There's no need to worry.
  걱정할 필요 없어요.

- ✓ There's no need to hurry.
  서두를 필요 없어요.

- ✓ You're welcome to drive my car if you want to.
  당신이 원한다면 제 자동차를 운전해도 괜찮아요.

- ✓ I'm so thankful for the opportunity you've given me.
  당신이 제게 주신 기회에 대해 대단히 감사합니다.

Thomas' Exercises

💬 Sample 답안 297p

>> 추수감사절에 가족들은 무엇에 대해 감사하고 있나요? 그림을 보고 난 후 아래의 빈칸에 그들의 감사함을 여러분의 문장으로 써 보세요.

Dad   Thank you for _____.
Mom: _____.
Sister: _____.
Brother: _____.

>> 이제, 여러분은 무엇을 감사하게 생각하나요? 아래의 문장을 활용하여 여러분의 감사함을 표현해 보세요.

Thank you for _____.
Thanks for _____.

Anders' Practice
Put It Together!

>> Mr. Towns 는 호텔 예약을 위해 호텔 안내 데스크에 전화하고 있습니다.

Mr. Towns Hello, is this the Westbrook Hotel?
여보세요, 거기가 웨스트브룩 호텔입니까?

Receptionist Yes, how may I help you?
네, 어떻게 도와드릴까요?

Mr. Towns I'm planning to travel to Chicago next week, and I'd like to reserve a room.
저는 다음주에 시카고를 여행할 계획이며 방을 예약하고 싶습니다.

Receptionist When will you be arriving?
언제 도착하세요?

Mr. Towns I'm going to arrive on the 13th and will be checking out on the 15th.
저는 13일에 도착할 예정이고 15일에 체크아웃하게 될 것입니다.

Receptionist We have a room for you then. It's about 150 dollars. Will that be OK?
그 기간에는 방이 있습니다. 대략 150 달러입니다. 그 요금이면 괜찮으세요?

Mr. Towns That would be fine, thank you. Please reserve it.
좋습니다, 감사합니다. 그것으로 예약해 주세요.

정리 학습

Receptionist	It's a non-smoking room. Guests are not permitted to smoke in our hotel. 금연실입니다. 저희 호텔에서는 손님들께서 흡연하는 것이 허용돼 있지 않습니다.
Mr. Towns	That's fine. However, my flight arrives very late. Is it OK if I check-in around 11 p.m.? 괜찮습니다. 그런데 저의 비행기가 매우 늦게 도착합니다. 저녁 11시경 체크인 하는 것도 괜찮습니까?
Receptionist	Yes, that's no problem. We have 24-hour check-in. 네, 괜찮습니다. 저희는 24 시간 체크인 가능합니다.
Mr. Towns	Oh, one last thing. Am I allowed to bring pets? 아, 마지막으로 한 가지 더 질문 있습니다. 애완동물을 데리고 가는 것이 허용됩니까?
Receptionist	Sorry, sir. Animals are prohibited at this hotel. 죄송합니다, 손님. 저희 호텔은 동물을 데리고 오는 것이 금지돼 있습니다.
Mr. Towns	OK. Thanks for taking the time to answer my questions. 네. 제 질문에 대답해 주시기 위해 시간 내주셔서 감사합니다.
Receptionist	It's my pleasure. Thank you for choosing the Westbrook Hotel. 천만에요. 웨스트브룩 호텔을 선택해 주셔서 감사합니다.

Anders' Practice
Now It's Your Turn!

>> 이제 당신 차례입니다! 앞의 대화에 쓰인 표현을 기억하세요? 아래의 번역 문장을 보고 대화가 완성되도록 빈칸을 채우세요.

Mr. Towns   Hello, is this the Westbrook Hotel?

Receptionist   Yes, _____?
                                 어떻게 도와드릴까요?

Mr. Towns   _____ next week, and I'd like to
                               시카고를 여행하려 합니다.
reserve a room.

Receptionist   When will you be arriving?

Mr. Towns   _____ on the 13th and will be
                               도착할 예정입니다.
checking out on the 15th.

Receptionist   We have a room for you then. It's about 150 dollars. Will that be OK?

Mr. Towns   That would be fine, thank you. Please reserve it.

Receptionist   It's a non-smoking room. _____
                                                               손님들께서 흡연하는
_____ in our hotel.
것이 허용돼 있지 않습니다.

이제 네 차례야!

Mr. Towns That's fine. However, my flight arrives very late. Is it OK if I check-in around 11 p.m.?

Receptionist Yes, _____. We have 24-hour
 괜찮습니다
check-in.

Mr. Towns Oh, one last thing. _____?
 제가 애완동물을 데리고 가도 됩니까

Receptionist Sorry, Sir. _____ at this hotel.
 동물을 데리고 오는 것이 금지돼 있습니다.

Mr. Towns OK. _____ to answer my
 시간 내주셔서 감사합니다.
questions.

Receptionist _____. Thank you for choosing
 천만에요.
the Westbrook Hotel.

CHAPTER 05

토마스와 앤더스의 업그레이드 된
착한 기초영어 회화
Pure and Simple English UPgrade

5장에 나오는 어휘들	122
5.1 Expressing happiness 행복함을 표현하기	124
5.2 Expressing anger 화난 것을 표현하기	128
다섯 번째 BONUS PAGE 업그레이드된 어휘	132
5.3 Saying sorry 미안하다고 말하기	134
5.4 Expressing love 사랑을 표현하기	138
• Put It Together! 정리 학습	142
• Now It's Your Turn! 이제 네 차례야!	144

CHAPTER 05 — THIS CHAPTER'S VOCABULARY

>> 이 장에서 학습하게 될 새로운 어휘입니다. 발음을 CD에서 듣고 난 후 따라 읽고 해당 어휘를 암기하세요.

☐	**apartment** [əpάːrtmənt]	아파트
☐	**apology** [əpάlədʒi] / **apologize** [əpάlədʒàiz]	사과/사과하다, 사죄하다
☐	**appointment** [əpɔ́intmənt]	약속
☐	**believe** [bilíːv]	믿다
☐	**break up**	(사람이) 갈라서다, (결혼·관계 등이) 깨지다
☐	**calm** [kɑːm]	~을 진정시키다, ~을 달래다
☐	**couple** [kʌ́pl]	부부, 커플, 연인
☐	**cheat on someone**	~가 모르게 바람을 피우다
☐	**decision** [disíʒən]	결정
☐	**dirty** [də́ːrti]	더러운, 지저분한
☐	**ecstatic** [ekstǽtik]	황홀한, 환희에 찬
☐	**excited** [iksáitid]	흥분한, 들뜬, 신이 난
☐	**fault** [fɔːlt]	잘못
☐	**forgive** [fərgív]	용서하다
☐	**get over something**	~을 극복하다, ~을 이겨내다
☐	**healthy** [hélθi]	건강한, 건강해 보이는

5장에 나오는 어휘들

- [ ] **honey** [hʌ́ni] — (사랑하는 사람에 대한 호칭) 여보, 자기
- [ ] **insult** [insʌ́lt] — 모욕하다
- [ ] **lie** [lai] — 거짓말하다
- [ ] **make a scene** — 소란을 피우다
- [ ] **miserable** [mízərəbl] — 비참한, 몹시 불행한
- [ ] **mistake** [mistéik] — 잘못
- [ ] **misunderstanding** [mìsəndərstǽndiŋ] — 오해
- [ ] **mix up something** — ~을 혼동하다
- [ ] **moment** [móumənt] — 순간
- [ ] **on cloud nine** — 하늘을 날듯 아주 기뻐하는, 아주 행복한
- [ ] **over the moon** — 하늘에 붕 떠 있는 것 같은
- [ ] **pass a test** — 시험을 합격하다
- [ ] **pissed off** — 열 받은
- [ ] **shout** [ʃaut] — 소리치다
- [ ] **slow down** — 속도를 줄이다
- [ ] **sorry** [sɔ́:ri] — 미안하게 생각하는, 유감으로 생각하여
- [ ] **sweetie** [swí:ti] — (사랑하는 사람) 자기
- [ ] **temper** [témpər] — 욱하는 성질

Chapter 05
5.1 Expressing happiness
행복함을 표현하기

 I'm so happy.
저는 너무 행복해요.

 I feel so happy right now.
저는 지금 너무 행복해요.

 I'm over the moon right now!
저는 지금 하늘에 붕 떠 있는 것처럼 행복해요.

- **UP** 감정에 대해 이야기할 때, 일반적으로 **be** 또는 **feel** 동사를 사용합니다. 이러한 동사 중 하나를 선택한 후 **happy, sad** 또는 **angry** 와 같은 감정 형용사를 간단하게 덧붙입니다.

- **UP** **so, very, incredibly** 또는 지금까지 학습한 강조 부사들을 사용하여 수식하는 것을 기억하세요.

- **UP** **I'm over the moon.** (저는 하늘에 붕 떠 있는 것 같아요.) 또는 **I'm on cloud nine.** (저는 하늘을 날듯 아주 기뻐요.)처럼 매우 기쁜 것을 나타내기 위해 관용적인 표현을 사용하는 다른 방법도 있습니다.

VOCABULARY

- **believe** [bilíːv] 믿다
- **dirty** [dáːrti] 더러운, 지저분한
- **ecstatic** [ekstǽtik] 열광적인
- **excited** [iksáitid] 흥분한, 활기 있는
- **letter** [létər] 편지, 글자
- **on cloud nine** 기분 좋은, 아주 행복한
- **pass a test** 시험을 합격하다

A: **I'm so happy!**
　저는 너무 행복해요!

B: **Why? What happened?**
　왜? 무슨 일이야?

A: **I feel so happy right now.**
　저는 지금 너무 행복합니다.

B: **That's good to hear.**
　그 말 들으니 다행입니다.

A: **I'm over the moon right now!**
　저는 지금 하늘에 붕 떠 있는 것처럼 행복해요!

B: **That's great. I'm so happy for you.**
　너무 좋네요! 정말 잘됐어요.

I'm so happy for you.
당신에게 좋은 일이 생겨 정말 기뻐요.

누군가가 행복함을 표현할 때마다, 어떻게 반응할지 잘 모릅니다. 대부분의 반응으로 이런 상황에 어리석게 대답하지 않도록 주의하세요.

A: **I got a new boyfriend.** I'm so happy!
　새 남자친구가 생겼어요. 너무 행복해요!
B: **Me too!** (X) / **I envy you.** (X) / **Thank you!** (X)

그러나 **I'm so happy for you**.(당신에게 좋은 일이 생겨서 정말 기뻐요.) 라는 표현은 완벽한 반응입니다. 상대방 측 입장에서 너무나 행복하다는 것을 나타내고 있습니다.

Examples

- I'm so excited by this letter.
  이 편지를 받게 되어서 너무 신이 나요.

- I can't believe he kissed me! I feel ecstatic.
  그가 제게 키스했다는 것이 믿어지지 않아요! 저는 너무 황홀해요.

- You look really healthy these days. That's great to see.
  요즘 정말 건강해 보여요. 뵙게 되어 너무 좋아요.

- I can't believe I passed my test. I'm on cloud nine!
  제가 시험에 합격했다는 것이 믿어지지 않아요. 저는 하늘을 날듯 아주 기뻐요!

- What happened to your car? It's so dirty.
  네 자동차가 왜 그래? 너무 지저분하잖아.

- Your letter made me so glad.
  당신의 편지 때문에 저는 너무 기뻤어요.

NOTE! 행복함을 나타내는 형용사

- happy [hǽpi] 행복한
- ecstatic [ikstǽtik] 황홀한
- glad [glæd] 반가운
- pleased [pli:zd] 만족해하는, 기뻐하는
- excited [iksáitid] 신이 난, 흥분한
- delighted [diláitid] 매우 기쁜, 아주 즐거운

Thomas' Exercises

Sample 답안 298p

>> 이전 페이지의 문장을 사용하여 아래 등장인물의 대화를 완성하세요.

Jessie   I'm so _____!
         　　　　　행복한

Jamie   Why? What _____?
         　　　　　　　　　발생하다 / 벌어지다

Jessie   I'm so _____ by this _____!
         　　　　신이 난(흥분한)　　　편지
         I _____ my job interview!
         　합격하다

Jamie   That's good to _____. I'm so happy _____!
         　　　　　　　　　듣다　　　　　　　　당신을 위한 / 당신에게

Jessie   Thanks! I'm _____ right now.
         　　　　　　하늘에 붕 떠 있는 것 같은

Chapter 05
5.2 Expressing anger
화난 것을 표현하기

 I'm so angry!
나 엄청 화났어!

 I'm pissed off!
나 열 받았어!

 I'm about to lose my temper.
나는 지금 성질부릴 것 같아.

UP 이번에는, 행복함을 나타냈던 것과 같은 문장 구조인 **I am~**을 사용하여 화난 것을 나타냅니다.

UP 여기 두 관용 표현이 있습니다. 첫 번째는 **Don't piss me off**. (나를 열 받게 하지 마.)와 같이 다양한 형태로 사용되는 **pissed off**가 있습니다.

UP 두 번째로 **lose my temper** (화를 내다, 성질부리다)라는 표현이 있습니다. 이것은 화나게 되는 것 (**about to lose** (지금 막 성질부리게 되는 것)을 나타내는 것)에 대해 경고용으로 주로 사용되거나, 또는 과거 시제로 사용됩니다, 이미 한 사람이 화났습니다. **I lost my temper when she stepped on my new shoes.**(그녀가 내가 새로 산 신발을 밟았을 때 저는 화가 났습니다.)

VOCABULARY

- **appointment** [əpɔ́intmənt] 임명, 약속
- **break up** [breik ʌp] 헤어지다, 산산조각으로 부수다
- **calm** [kaːm] 고요해지다, 평온해지다
- **a couple** [kʌ́pl] 부부, 커플
- **pissed off** 짜증 나다
- **shout** [ʃaut] 큰 소리치다
- **slow down** 속도를 낮추다
- **temper** [témpər] 완화시키다, 유연해지다
- **anger** [ǽŋgər] 분노
- **scene** [siːn] 장면

A: I'm so angry.
나 엄청 화났어.

B: Calm down. Everything's OK.
진정해. 다 괜찮아.

A: I'm really pissed off right now!
나 지금 정말 열 받았어!

B: Hey, take it easy. Don't lose your head.
이봐, 진정해. 침착을 잃지 마.

A: I'm about to lose my temper.
나는 지금 성질부릴 것 같아.

B: Keep your voice down. Don't make a scene.
목소리를 낮춰. 소란을 피우지 마.

Don't make a scene. 소란을 피우지 마.

여기서 **scene**은 정확하게 무엇을 의미하나요? 그것은 공공장소에서 당황스럽게 하여 당신에게 사람들의 주목을 끌게 하는 것, 예를 들어 언쟁, 윽박 지르기, 과음, 우는 것, 기타 등등을 의미합니다.

Examples

- I'm so angry that you forgot our appointment.
  당신이 우리의 약속을 잊어버려서 저는 너무 화가 납니다.

- I'm really pissed off at my husband.
  저는 남편에게 정말 열 받았습니다.

- Keep your voice down. The baby is sleeping now.
  목소리를 낮추세요. 아기가 지금 자고 있어요.

- The couple caused a scene when they broke up at the restaurant.
  그들이 식당에서 갈라설 때 그 커플은 소란을 피웠습니다.

- I'm about to lose my temper if you don't shut up!
  네가 입 다물지 않으면 막 화낼 거야!

- Hey, you're driving too quickly! Take it easy.
  이봐, 운전을 너무 빠르게 하잖아! 천천히 해.

NOTE! 부정적인 감정
- mad [mæd] 화난
- pissed off [píst ɔ́:f] 열 받은
- upset [ʌpsét] 속상한
- irritated [íritèitid] 짜증이 나는
- unhappy [ənhǽpi] 불행한
- furious [fjúəriəs] 격분하는

Thomas' Exercises

Sample 답안 299p

>> 당신은 모든 표현을 완벽하게 기억하나요? 각 문장에 알맞은 동사나 형용사를 채워 넣으세요.

1. Don't _____ a scene!

2. I'm about to _____ my temper.

3. Don't run so fast. _____ it easy.

4. You're too noisy. _____ your voice down!

5. Don't get upset. _____ down.

6. I'm so _____ off!

Vocabulary UPgrade

1. I feel _____.
   저는 _____ 느낍니다.
   - **great** [greit] 너무 좋은
   - **amazing** [əméiziŋ] 놀라운
   - **terrific** [tərífik] 최고로 좋은

2. I've been feeling _____.
   저는 _____ 느낍니다.
   - **sad** [sæd] 슬픈
   - **depressed** [diprést] 우울한
   - **miserable** [mízərəbl] 비참한

3. This music is _____.
   이 음악은 _____ 입니다.
   - **awesome** [ɔ́:səm] 멋진
   - **fantastic** [fæntǽstik] 환상적인
   - **magnificent** [mæɡnífəsnt] 위대한

업그레이드된 어휘

💬 Sample 답안 300p

① **Ms. Jackson, your new CD is really terrific.**
잭슨 씨, 새로 나온 당신의 CD가 정말 최고로 좋습니다.

② **This dark weather makes me so depressed.**
이 어두컴컴한 날씨가 나를 매우 우울하게 해요.

③ **I watched a really fantastic movie last night.**
저는 어젯밤에 정말 환상적인 영화를 보았습니다.

>> 이제 당신 차례입니다! 우리가 배운 단어를 활용하여 좀 더 흥미롭게 들릴 수 있도록 밑줄친 부분을 다시 쓰세요.

① **I know a <u>great</u> restaurant near here. Let's have dinner there.**
저는 이 근처에 근사한 식당을 알고 있습니다. 거기서 저녁식사 해요.

_____

② **After watching this movie, I feel a little <u>sad</u>.**
이 영화를 보고 난 후 저는 약간 슬픔에 잠깁니다.

_____

③ **Thank you for this <u>awesome</u> meal. It was delicious.**
이 멋진 식사 감사해요. 너무 맛있었어요.

_____

Chapter 05
5.3 Saying sorry
미안하다고 말하기

 I'm sorry.
미안해요.

 Please accept my apology.
제 사과를 받아주세요.

 **I hope you can forgive me.**
당신이 나를 용서해주시길 바랍니다.

UP I'm sorry.(미안해요)라고 말하는 것은 가장 일반적인 사과 방법입니다. 누군가와 살짝 부딪힌 일과 같이 사소한 상황에서부터 바람을 피우는 일과 같이 중대한 일에까지도 사용됩니다.

UP I'm sorry.라고 말한 후에 두 번째와 세 번째 문장을 사용할 수 있습니다. 일반적으로 사과를 한 후에, 상대방이 사과를 받아들이고(accept) 난 후 잘못한 사람을 용서합니다(forgive). 앞서 말한 것과 뒤에 따라오는 과정을 통해, 말하는 사람은 암묵적으로 그들의 잘못된 일에 대해 사과합니다.

VOCABULARY

- **apartment** [əpáːrtmənt] 아파트
- **apology** [əpálədʒi] 사과
- **apologize** [əpálədʒàiz] 사과하다, 사죄하다
- **cheating on someone** 바람 피우다, ~에게 피해를 입히다
- **decision** [disíʒən] 결정, 판결, 결심
- **forgive** [fərgív] 용서하다
- **fault** [fɔːlt] 결점, 잘못
- **insult** (v) [insʌ́lt] 모욕하다
- **lie** [lai] / **lying** [láiiŋ] 거짓말하다 / 거짓말 하는

A: I'm sorry.
미안해요.

B: OK, I forgive you.
네, 당신을 용서합니다.

A: Please accept my apology.
제 사과를 받아주세요.

B: Sorry, I can't forgive you. I'm still mad.
죄송합니다, 당신을 용서할 수 없습니다. 저는 여전히 화났습니다.

A: I want to apologize. I hope you can forgive me.
저는 사과 드리고 싶습니다. 저는 당신이 저를 용서해주기를 바랍니다.

B: I'll think about it. I need some time to get over it.
그것에 대해 생각해보겠습니다 저는 그것을 이겨내기 위한 시간이 좀 필요합니다.

get over ~을 극복하다, 이겨내다

이 표현은 완전히 대조적인 경우에 사용될 수 있습니다. 하나는 슬프거나 상처받은 후에 좀 더 나아지기 위해 시간이 필요함을 표현할 때 사용됩니다.

- **It took me 2 years to get over my divorce.**
  내가 이혼을 극복하는 데 2년이 걸렸습니다.

다른 하나는 모욕입니다, 다른 사람에게 그 사람을 강하게 할 목적으로 말하고 그 사람이 상처받는 감정에 대해 상관하지 않는다는 것을 말하기도 합니다.

- **I don't care if I upset you. Get over it!**
  너를 화나게 했을지라도 난 상관 안 해. 그만 잊어버려!

Examples

- ✓ I'm sorry for being late.
  늦어서 미안합니다.

- ✓ Please forgive me for lying. I hope we can still be friends.
  제가 거짓말한 것을 용서해주세요. 저는 우리가 여전히 친구이기를 바랍니다.

- ✓ Please accept my apology for insulting you. It was my fault.
  당신을 모욕한 것에 대한 제 사과를 받아주세요. 그것은 제 잘못이었습니다.

- ✓ I'll think about your idea and then make a decision.
  제가 당신의 아이디어에 대해 생각해 보고 나서 결정하겠습니다.

- ✓ Before I buy an apartment, I need some time to save up money.
  제가 아파트를 사기 전에 돈을 저축할 시간이 좀 필요합니다.

- ✓ I can't forgive my boyfriend for cheating on me.
  나는 나 몰래 바람 피운 남자친구를 용서할 수 없어.

Thomas' Exercises

Sample 답안 301p

>> 아래의 네 가지 상황에 대해 사과문을 만드세요.

1.

2.

3.

4.

Chapter 05
5.4 Expressing love
사랑을 표현하기

 I love you.
나는 당신을 사랑해요.

 I'm crazy about you.
저는 당신에게 푹 빠져있어요.

 **I can't live without you.**
저는 당신 없이는 살 수 없어요.

UP I love you.는 영어에서 가장 소중한 말일 것입니다. 대중가요부터 낭만적인 영화까지, 진심 어린 이 표현을 듣는 것을 피할 수는 없을 것입니다.

UP 누군가 crazy라고 말하는 것은 주로 나쁜 것을 의미합니다. 하지만 여기서는 말하는 사람이 그들의 연인에게 지극히 많은 관심이 있다는 것을 나타내기 위해 사용합니다. (6.1장에 이런 표현의 다양한 용례를 확인하세요.)

UP 마지막으로, I can't live without you.(저는 당신 없이 못 살아요.)라고 말하는 것은 로미오와 줄리엣 같은 정말 열정적인 사랑을 보여줍니다. 정말 사랑하는 마음을 보여주기를 원한다면, 매일 사용하는 것은 피하세요. 그러면 완벽할 거예요!

UP 이런 표현들은 남성이든 여성이든 연인에게 모두 사용할 수 있습니다.

VOCABULARY

- **honey** [hʌ́ni] (사랑하는 사람에 대한 호칭) 여보, 자기
- **sweetie** [swíːti] (사랑하는 사람) 자기
- **moment** [móumənt] 시기, 순간
- **expressing** [iksprésiŋ] 표현하기
- **crazy** [kréizi] 정상이 아닌

A: I love you.
나는 당신을 사랑해요.

B: Thanks, honey. I love you too.
자기야, 고마워. 나도 당신을 사랑해요.

A: I'm crazy about you.
저는 당신에게 푹 빠져있습니다.

B: I feel the same way, sweetie.
자기야, 나도 같은 마음이야.

A: I can't live without you.
저는 당신 없이는 못 살아요.

B: Slow down. I think we're moving too fast.
속도를 줄여요. 우린 속도가 너무 빠르잖아.

We're moving too fast.
우리는 너무 속도가 빨라요.

이것은 연인들이 결코 듣고 싶어하지 않는 표현 중 하나 일 것입니다! 상대방이 더 이상 당신을 사랑하지 않는다는 것을 의미하는 것은 아니지만, 그것은 너무 빠르게 친해지는 것 같다고 나타내고 있습니다. 서로에게 시간과 여유를 가지고 천천히 진행하자고 경고하는 것입니다.

Examples

- I love this new song by Michael Buble!
  저는 마이클 부블레의 이 새 노래를 매우 좋아합니다.

- I loved her from the moment I saw her.
  저는 그녀를 본 순간부터 그녀를 사랑했습니다.

- I'm crazy about the way you dance.
  저는 당신의 춤추는 모습에 푹 빠져있습니다.

- I love this new hand cream. I can't live without it.
  저는 이 새 핸드크림이 매우 마음에 들어요. 저는 그것 없이 살 수 없습니다.

- You think that department store is too expensive? I feel the same way!
  저 백화점은 물건 값이 너무 비싸다고 생각지 않아요? 전 그렇다고 생각해요!

- I know you love me, but I don't feel the same way.
  당신이 저를 사랑하는 것은 알고 있습니다만 저도 그렇다고는 생각지 않습니다.

Thomas' Exercises

Sample 답안 302p

>> 이 커플이 어떻게 느끼는지 아래 빈칸을 채우시오. 여러분은 새로운 내용으로 쓸 수도 있고 우리가 학습한 어휘를 사용하셔도 됩니다.

Anders' Practice
Put It Together!

>> 한 남자와 한 여자가 서로 만났어요. 하지만 Ronald가 그들의 마지막 데이트를 잊어버리고 난 후에는 그들 관계에 긴장감이 돌았습니다.

Emma   I'm so pissed off at you!
저는 당신에게 너무 열 받았어요!

Ronald   Why? What's wrong?
왜? 무슨 일이야?

Emma   I'm angry that you forgot our plans.
저는 당신이 약속을 잊어버린 것 때문에 화가 났어요.

Ronald   Come on! That was a misunderstanding. I told you I mixed up the dates.
왜 그래! 그것은 오해였어. 내가 날짜를 혼동하고 있었다고 말했잖아.

Emma   Maybe. But you still should have called me.
글쎄요. 하지만 그래도 당신은 제게 전화를 걸었어야 했어요.

Ronald   You're right. It was my fault.
네 말이 맞아. 그건 내 잘못이었어.

Emma   I waited for you for over an hour.
저는 한 시간도 넘게 당신을 기다렸다고요.

Ronald   I'm sorry about that.
그것에 대해 미안해.

정리 학습

Emma Thanks. I'm sorry too for shouting at you.
고마워요. 저도 당신에게 소리친 것 미안해요.

Ronald Actually, I've been feeling so depressed because of my mistake.
사실 나도 내 잘못 때문에 너무 우울했어.

Emma Really?
정말요?

Ronald Yes, I felt miserable for hurting your feelings.
응, 당신의 마음에 상처 준 것에 대해 비참한 마음이 들었어.

Emma I didn't know that. You should have told me.
저는 그걸 몰랐어요. 내게 말을 했었어야지요.

Ronald I hope you can forgive me.
당신이 나를 용서해주기를 바라.

Emma Of course. I accept your apology.
물론이에요. 당신의 사과를 받을게요.

Ronald Thank you for understanding. I love you, honey.
이해해 줘서 고마워. 자기야, 사랑해.

Anders' Practice
Now It's Your Turn!

>> 이제 당신 차례입니다! 앞의 대화에 쓰인 표현을 기억하세요? 아래의 번역 문장을 보고 대화가 완성되도록 빈칸을 채우세요.

Emma _____!
저는 당신에게 너무 열 받았어요!

Ronald Why? What's wrong?

Emma _____ you forgot our _____.
저는 ~ 때문에 화가 났어요   약속

Ronald Come on! That was a misunderstanding. I told you I mixed up the dates.

Emma Maybe. But you should still have called me.

Ronald You're right. _____.
그건 내 잘못이었어.

Emma I waited for you for over an hour.

Ronald _____.
그것에 대해 미안해.

이제 네 차례야!

Emma Thanks. I'm sorry too for shouting at you.

Ronald Actually, I've been feeling so _____ because of my mistake.
우울한

Emma Really?

Ronald Yes, I felt _____ for hurting your feelings.
비참한

Emma I didn't know that. You should have told me.

Ronald _____.
난 당신이 나를 용서해주기를 바라.

Emma Of course. _____.
당신의 사과를 받을게요.

Ronald Thank you for understanding. _____, honey.
당신을 사랑해

CHAPTER 06

토마스와 앤더스의 업그레이드 된
착한 기초영어 회화
Pure and Simple English UPgrade

	6장에 나오는 어휘들	148
6.1	**Expressing your hobbies** 취미 표현하기	150
6.2	**Talking about physical attractiveness** 신체적 매력에 대해 얘기하기	154
	여섯 번째 BONUS PAGE **업그레이드된 어휘**	158
6.3	**Expressing preference** 선호도 표현하기	160
6.4	**Expressing disinterest** 관심이 없음을 표현하기	164
	• Put It Together! 정리 학습	168
	• Now It's Your Turn! 이제 네 차례야!	170

CHAPTER 06
THIS CHAPTER'S VOCABULARY

>> 이 장에서 학습하게 될 새로운 어휘입니다. 발음을 CD에서 듣고 난 후 따라 읽고 해당 어휘를 암기하세요.

- [ ] **actress** [ǽktris] — 여배우
- [ ] **appeal** [əpíːl] **to** — ~에게 어필하다, ~의 흥미를 끌다
- [ ] **bake** [beik] — (빵 등을) 굽다
- [ ] **beauty** [bjúːti] — 아름다움
- [ ] **charm** [tʃɑːrm] — 매력
- [ ] **crazy** [kréizi] **about** — ~에 미쳐 있는, ~에 열중하는
- [ ] **decorations** [dèkəréiʃənz] — 장식품, 장식물
- [ ] **disagree** [dìsəgríː] — 의견이 다르다, 동의하지 않다
- [ ] **drink** [driŋk] — 음료, 마실 것
- [ ] **glass** [glæs] — 유리
- [ ] **golf** [gɑlf, gɔːlf] — 골프
- [ ] **hobby** [hɑ́bi] — 취미
- [ ] **humble** [hʌ́mbl] — 겸손한
- [ ] **interest someone in something** — …이 ~에 관심을 갖도록 권하다
- [ ] **interested** [íntərəstid] — 흥미를 가지고 있는, 관심이 있는

6장에 나오는 어휘들

- [ ] **model** [mάdl]   (자동차 등의) 모델, 형(型)
- [ ] **novel** [nάvəl]   소설
- [ ] **nuts** [nʌts] **about**   ~에 푹 빠져있는, ~에 미친
- [ ] **offer** [ɔ́ːfər]   제안, 제의
- [ ] **opinion** [əpínjən]   (개인적인) 의견, 견해
- [ ] **plastic** [plǽstik]   플라스틱
- [ ] **prefer** [prifə́ːr]   ~을 더 좋아하다, ~을 선호하다
- [ ] **rather** [rǽðər]   오히려
- [ ] **relax** [rilǽks]   편히 쉬다, 긴장을 풀다
- [ ] **sports car** [spɔːrts kaːr]   스포츠 카
- [ ] **stunner** [stʌ́nər]   눈부시게 아름다운 여자, 굉장한 미인
- [ ] **style** [stail]   스타일, (행동) 방식
- [ ] **suit** [suːt]   (상하 한 벌로 된) 정장, 슈트
- [ ] **travel** [trǽvəl]   여행하다
- [ ] **twice a week**   일 주일에 두 번
- [ ] **type** [taip]   타입, 취향
- [ ] **usually** [júːʒuəli]   대개, 보통

Chapter 06
6.1 Expressing your hobbies
취미 표현하기

 I like to play golf.
저는 골프 치는 것을 좋아합니다.

 I'm nuts about (playing) golf.
저는 골프 치는 것에 푹 빠져있습니다.

 **I really enjoy playing golf.**
저는 정말 골프 치는 것을 즐깁니다.

- **UP** 취미나 관심사를 표현하는 가장 쉬운 방법은 **like** 동사를 사용하는 것입니다. 이 동사 뒤에는 바로 명사(I like + golf)가 올 수도 있고, to부정사 형태(I like + to play golf)가 올 수도 있으며, 동명사 형태(I like + playing golf)도 올 수 있기 때문에 매우 다양하게 사용됩니다. **love** 동사의 경우도 마찬가지입니다.

- **UP** 두 번째 예문은 **I'm crazy about you**. (저는 당신에게 푹 빠져 있어요.)은 5.4 장에서 학습한 것과 비슷합니다. **crazy**를 대신해서, 이 장에서 학습하는 취미생활 또는 사랑하는 것에 대한 광적인 열정을 설명하기 위해 **nuts about, mad about** 또는 **wild about**과 같은 표현을 사용할 수 있습니다.

- **UP** 마지막으로, **enjoy**라는 동사를 대신하여 **like** 동사를 사용할 수도 있습니다. 그러나 **like** 동사와는 다르게 이 동사는 동명사만 뒤에 올 수 있으며, **to** 부정사는 뒤에 올 수 없습니다. (**I enjoy to play golf.** (X))

VOCABULARY

- **crazy** [kréizi] 미친
- **golf** [galf] 골프, 골프를 치다
- **hobby** [hábi] 취미
- **novel** [nάvəl] 소설
- **nuts about** ~에 푹 빠져
- **relax** [rilǽks] 늦추다, 약하게 하다
- **twice a week** 일주일에 두번
- **usually** [júːʒuəli] 일반적으로, 습관적으로
- **frequency** [fríːkwənsi] 빈도

A: **What's your hobby?**
당신의 취미는 무엇입니까?

B: **I like to play golf.**
저는 골프 치는 것을 좋아합니다.

A: **What do you do for fun?**
당신은 재미로 무엇을 합니까?

B: **I'm nuts about golf. I play it all the time.**
저는 골프에 푹 빠져 있습니다. 저는 늘 골프를 칩니다.

A: **What do you usually do in your free time?**
여가 시간에 대개 무엇을 합니까?

B: **I really enjoy playing golf. I play about twice a week.**
저는 정말 골프 치는 것을 즐깁니다. 저는 일 주일에 대략 두 번 골프를 칩니다.

frequency 빈도

취미에 대해 말할 때, 얼마나 자주 그것을 하는지 말하는 것이 일반적입니다. 빈도를 말할 때 가장 쉬운 방법은 **once** (한 번), **twice** (두 번), **three times** (세 번), 그리고 그 이상은 **times** 앞에 숫자를 넣어 횟수를 나타냅니다.

- **I go hiking once a month**
  나는 한 달에 한 번 하이킹을 간다.
- **I play tennis twice a week**
  나는 일 주일에 두 번 테니스를 친다.
- **I visit the gym three times a week**.
  나는 일 주일에 세 번 헬스클럽에 간다.

Examples

- **I'm crazy about playing guitar.**
  저는 기타 연주하는 것에 미쳐 있습니다.

- **I love going to the movies.**
  저는 영화 보러 가는 것을 아주 좋아합니다.

- **I really enjoy reading Stephen King's novels.**
  저는 스티븐 킹의 소설 읽는 것을 정말 즐깁니다.

- **What do you usually do in the weekend?**
  당신은 주말에 보통 무엇을 합니까?

- **What do you do to relax?**
  당신은 편히 쉬기 위해 무엇을 합니까?

- **I go swimming about four times a month.**
  저는 한 달에 대략 네 번 수영하러 갑니다.

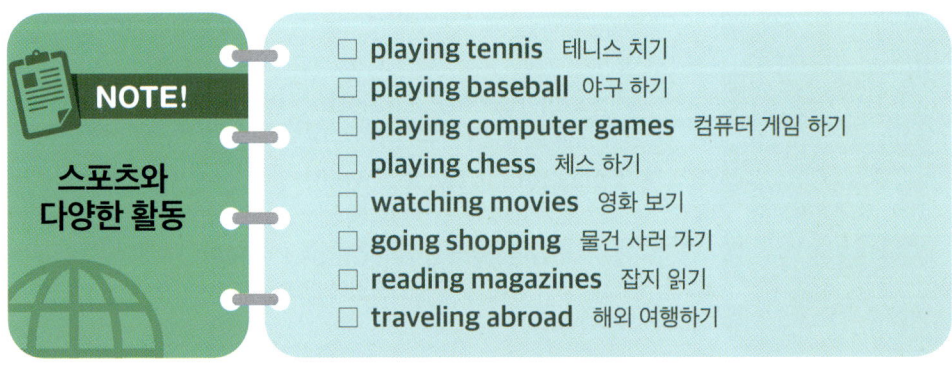

NOTE! 스포츠와 다양한 활동

- playing tennis 테니스 치기
- playing baseball 야구 하기
- playing computer games 컴퓨터 게임 하기
- playing chess 체스 하기
- watching movies 영화 보기
- going shopping 물건 사러 가기
- reading magazines 잡지 읽기
- traveling abroad 해외 여행하기

Thomas' Exercises

Sample 답안 303p

>> 아래 사람들의 취미를 쓰세요. 다음은 교실 주변을 돌아다니면서 취미 또는 관심사가 무엇인지 서로 묻고 답하세요.

1.

2.

3.

4.

Chapter 06
6.2 Talking about physical attractiveness
신체적 매력에 대해 얘기하기

 That actress is so pretty.
그 여배우는 매우 아름다워.

 That actress is really attractive.
그 여배우는 정말 매력적이야.

 **That actress is a true stunner.**
그 여배우는 진정 굉장한 미인이야.

UP 관행적으로 여자들은 **pretty**하고 남자들은 **handsome**하다고 배웠지만 그들을 묘사하기 위해서 사용해 왔던 것보다 훨씬 더 많은 표현들이 있습니다. **attractive**(매력적인)라거나 133페이지(**really** 또는 **incredibly** 와 같은 강조 부사를 덧붙이는 것을 기억하세요.)에 있는 형용사들을 사용할 수 있습니다.

UP 또한, **stunner**(굉장한 미인)와 같은 완벽한 사람을 묘사하는 명사도 사용할 수 있습니다. 이번 학습은 다양한 종류의 아름다움에 대한 것입니다. 그러니 눈에 넣어도 아프지 않을 애정을 가장 잘 묘사할 수 있는 정확한 어휘를 찾아보는 건 어떠세요?

VOCABULARY

- **actress** [ǽktris] 여배우
- **appeal** [əpíːl] 마음을 끌다
- **beauty** [bjúːti] 미용, 아름다움
- **charm** [tʃaːrm] 매력
- **humble** [hʌ́mbl] 겸손한
- **sports car** [spɔːrts kaːr] 스포츠 카
- **a stunner** [stʌ́nər] 놀라게 하는 사람
- **type** [taip] 유형, 종류
- **physical** [fízikəl] 신체의
- **attractiveness** [ətrǽktivnis] 매력
- **attractive** [ətrǽktiv] 매력있는
- **incredibly** [inkrédəbli] 대단한

A: That actress is so pretty.
그 여배우는 매우 아름다워.

B: Yes, her face is beautiful.
네, 그녀의 얼굴은 아름다워요.

A: That actress is really attractive.
그 여배우는 정말 매력적이에요.

B: I agree. She has a special charm.
저도 동의해요. 그녀는 특별한 매력을 가졌어요.

A: That actress is a true stunner.
그 여배우는 진정 굉장한 미인이지.

B: You think so? Actually, she's not my type.
그렇게 생각하세요? 사실은 그녀는 제 타입은 아니에요.

(6.4 참고)

a stunner 굉장한 미인

명사 stunner보다는 형용사 stunning이 주로 사용됩니다. stunning(굉장히 아름다운)으로 다양한 상황에서 사용됩니다.

- **The view is stunning from here.**
  여기 경치가 굉장히 아름답습니다.

- **You have a really stunning voice.**
  당신은 정말 놀랄 만큼 아름다운 목소리를 가지셨네요.

Examples

- **Her voice is so pretty.**
  그녀의 목소리는 너무 아름다워.

- **That sports car is a real beauty.**
  그 스포츠카는 진짜 멋있어.

- **This song has a unique charm.**
  이 노래는 특별한 매력이 있어.

- **This dress is exactly my style. I'm crazy about it!**
  이 옷은 정확히 내 취향이야. 이 옷에 미칠 지경이야!

- **That actor is a true stunner, yet he's humble as well.**
  그 배우는 진정한 미남인데다 겸손하기까지 해.

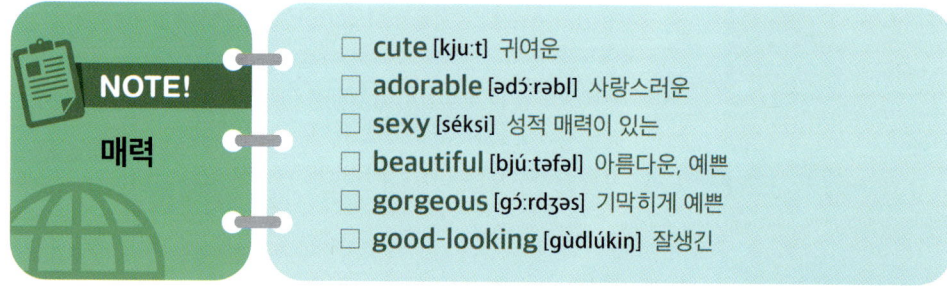

NOTE! 매력

- □ **cute** [kjuːt] 귀여운
- □ **adorable** [ədɔ́ːrəbl] 사랑스러운
- □ **sexy** [séksi] 성적 매력이 있는
- □ **beautiful** [bjúːtəfəl] 아름다운, 예쁜
- □ **gorgeous** [gɔ́ːrdʒəs] 기막히게 예쁜
- □ **good-looking** [gùdlúkiŋ] 잘생긴

Thomas' Exercises

Sample 답안 304p

>> '아름다움을 나타내는 어휘'를 퍼즐에서 몇 개 찾을 수 있을까요? (힌트: 모두 8 개입니다.)

H	N	W	A	Z	W	P	T	E	C
J	C	H	A	R	M	R	S	C	S
W	E	S	I	N	D	E	A	R	E
A	H	Y	T	C	U	T	E	L	X
D	S	X	D	E	U	T	L	L	Y
O	B	E	A	U	T	Y	R	U	V
R	N	R	F	B	P	A	U	K	K
A	T	T	R	A	C	T	I	V	E
B	X	B	G	A	N	H	K	T	F
L	Q	Y	S	T	U	N	N	E	R
E	M	U	H	P	E	B	M	S	M

1. _____   2. _____
3. _____   4. _____
5. _____   6. _____
7. _____   8. _____

Vocabulary UPgrade

1   **fat** [fæt]   ⇨   **overweight** [òuvərwéit]
뚱뚱한   과체중의

I ate too much food for Christmas. I'm a bit overweight.
저는 크리스마스 때 음식을 너무 많이 먹었어요. 약간 과체중입니다.

2   **ugly** [ʌ́gli]   ⇨   **unattractive**
못생긴   [ʌnətræktiv] 매력이 없는

That sweater is really unattractive.
그 스웨터는 정말 매력이 없어.

3   **free time** [fri: taim]   ⇨   **spare time** [spɛər taim]
여가 시간   여유 시간

If you have some spare time this weekend, let's meet up.
이번 주말에 여유 시간이 좀 있다면, 만나자.

4   **empty** [émpti]   ⇨   **vacant** [véikənt]
텅빈   비어 있는

Are there any vacant parking spaces?
비어 있는 주차 공간이 있습니까?

5   **try** [trai]   ⇨   **attempt** [ətémpt]
노력하다   시도하다

Let's attempt to finish this work by the deadline.
마감 기한 전까지 이 일을 마칠 수 있도록 시도해보자.

업그레이드된 어휘

Sample 답안 305p

▶▶ 학습한 어휘를 사용하여 아래의 밑줄 친 부분을 업그레이드 하세요.

1 We don't have any <u>empty</u> rooms at the hotel tonight.
오늘 밤에는 호텔에 빈방이 없습니다.

_____

2 I failed my test, but I'll <u>try</u> it again next year.
저는 시험에 합격하지 못했지만 내년에 다시 해보겠습니다.

_____

3 I need to go on a diet. I'm <u>fat</u> these days.
저는 다이어트를 해야 해요. 저는 요즘 살쪘어요.

_____

4 The paintings at the art gallery were very <u>ugly</u>.
그 미술관에 있는 그림들은 매우 보기 흉했어요.

_____

5 What do you usually do in your <u>free time</u>?
여가 시간에 보통 무엇을 하세요?

_____

Chapter 06
6.3 Expressing preference
선호도 표현하기

 I prefer tea.
저는 차를 더 좋아합니다.

 I like tea more than coffee.
저는 커피보다는 차를 더 좋아합니다.

 **I'd rather have tea than coffee.**
저는 커피보다는 오히려 차를 마시고 싶습니다.

UP prefer와 like의 차이점은 어떤 것에 대한 선호도이다. 어떤 상품에 대해 특정 상품을 비교하는 것이다. 예를 들면, 어떤 사람은 그들이 **I prefer tea.**(차를 선호한다.)라고 말할 때, 그들은 다른 음료수보다도 차라리 차를 마시겠다는 것을 의미한다.

UP 이것은 두 제품을 비교하는 **more than**과 **rather than**을 사용하는 예시된 두 번째 그리고 세 번째 문장보다 더 노골적으로 표현하는 것이다. 이런 이유로 **which**로 시작하는 선호도에 대한 물음은 한정된 수량 내의 선택지들 사이에서 선택할 때 사용된다.

VOCABULARY

- **prefer** [prifə́:r] 선호하다
- **rather** [ræðər] 오히려
- **expressing** [iksprésiŋ] 표현하기
- **preference** [préfərəns] 선호

A: Which drink do you prefer?
어떤 음료를 더 좋아합니까?

B: I prefer tea.
저는 차를 더 좋아합니다.

A: Which drink do you like more?
어떤 음료를 더 좋아합니까?

B: I like tea more than coffee.
저는 커피보다는 차를 더 좋아합니다.

A: What drink would you rather have?
어떤 음료를 드시고 싶습니까?

B: I'd rather have tea than coffee.
저는 커피보다는 오히려 차를 마시고 싶습니다.

would rather
~ 하는 편이 낫겠다, 오히려 ~하고 싶다

미국에는 파티때 난해한 둘 중 하나 선택 질문으로 상대방을 곤란하게 만드는 인기 있는 게임이 있습니다. 이 문장은 일상 생활에 많이 사용됩니다.

- Would you rather be born with no arms or no legs?
  팔이 없이 태어나거나 다리가 없이 태어나는 것 중 어느 편이 낫겠습니까?

- Would you rather meet on Tuesday or Thursday?
  화요일이나 목요일에 만나는 것 중 어느 편이 낫겠습니까?

Examples

- ✓ Which drink do you like more: juice or milk?
  우유나 주스 중에 어느 음료가 더 좋으세요?

- ✓ When would you rather meet: on Wednesday or Thursday?
  수요일이나 목요일 중에서 어느 요일에 만나는 편이 낫겠습니까?

- ✓ I prefer the black pants to the red ones.
  나는 빨강색 바지보다 검정색 바지를 선호합니다.

- ✓ I'd rather travel by plane than by car.
  나는 자동차보다 비행기로 여행하는 편이 더 낫습니다.

- ✓ I prefer to pay in cash rather than credit card.
  나는 신용카드보다 현금으로 지불하는 것을 선호합니다.

- ✓ There are two coffee shops here. Which one do you prefer?
  여기에 커피숍 두 곳이 있습니다. 어느 곳을 선호하세요?

Thomas' Exercises

💬 Sample 답안 306p

>> 아래의 두 가지 중에서 선호하는 것에 대해 묻고 어느 것을 선호하는지 대답하세요.

1.  or

Question _____ ?
Answer _____ .

2.

Question _____ ?
Answer _____ .

3.

Question _____ ?
Answer _____ .

>> 다 마친 후, **would you rather**로 시작하는 의문문을 만들고 여러분의 친구들에게 그것에 대해 묻고 대답하세요.

Chapter 06
6.4 Expressing disinterest
관심이 없음을 표현하기

 I'm not interested (in that).
저는 (그것에 대해) 관심 없습니다.

 It's not really my style.
그건 정말 제 스타일이 아닙니다.

 **It doesn't appeal to me.**
그건 제 흥미를 끌지 못합니다.

UP I'm not interested.라고 말하는 것은 무엇인가에 대해 관심이 없다는 것을 직설적으로 말하는 가장 간단한 방식입니다.

UP 6.2 장에서 확인했듯이, 무엇인가에 대해 말하는 것이 **not my style**이라고 말하는 것은 무엇인가 하는 것이 나의 스타일이 아니라는 것을 의미합니다. **style**이라는 명사 대신에 **type**나 **taste** 명사가 사용될 수도 있습니다.

UP **appeal**이라는 명사/동사는 사물의 매력도를 나타냅니다. 예를 들어, 어떤 사람이 **sex appeal**하다, 또는 어떤 경치가 **appealing scenery**라고도 말합니다. 무엇인가에 대해 **It doesn't appeal to me**라고 말하는 것은 내게 관심도나 매력이 없다는 것을 의미합니다.

VOCABULARY
- **appeal** [əpíːl] 마음을 끌다
- **model** (형 (型)) [mádl] 모범, 모형, 모델
- **style** [stail] 스타일, 양식, 방식
- **bake** [beik] 빵을 굽다
- **disagree** [dìsəgríː] 의견이 맞지 않다
- **offer** [ɔ́ːfər] ~을 제공하다
- **opinion** [əpínjən] 개인적 의견
- **suit** (n) [suːt] 한 벌, 정장
- **disinterest** [disíntərist] 무관심

A: Would you like to try this offer?
이 제안을 한 번 시도해 보시겠어요?

B: Sorry, I'm not interested.
죄송합니다, 저는 관심이 없습니다.

A: Are you interested in this car?
이 자동차에 관심 있습니까?

B: No, it's not really my style. I'd prefer a smaller model.
아니요, 그건 정말 제 스타일이 아닙니다. 저는 더 작은 모델을 선호합니다.

A: Can I interest you in this offer?
제가 당신에게 이 제안을 권해드려도 될까요?

B: Sorry, it's not my cup of tea. It doesn't appeal to me at all.
죄송합니다, 그건 제가 좋아하는 것이 아닙니다. 저는 거기에 전혀 흥미가 없습니다.

It's not my cup of tea.
그건 제가 좋아하는 것이 아닙니다.

추가적인 표현으로 It's not my cup of tea.가 있습니다. 이 표현은 우리가 흥미가 없는 것을 표현하고자 할 때 부정적인 의미로 사용됩니다.

Examples

- Would you like to buy this suit?
  이 정장을 사시겠습니까?

- It's not really my style. Do you have it in another color?
  그건 정말 제 스타일이 아닙니다. 다른 색깔도 있습니까?

- Is this really your style of music? It's too loud for me!
  이 음악이 정말로 당신 스타일에 맞는 음악입니까? 제게는 너무 시끄럽습니다!

- Excuse me, sir, can I interest you in this new cell phone?
  잠깐만요, 손님, 제가 새로 나온 이 휴대폰을 권해드려도 될까요?

- Would you like to try this cake I baked?
  내가 구운 이 케이크를 먹어보시겠어요?

- I really disagree with him. His opinions don't appeal to me at all.
  저는 정말로 그의 의견에 동의하지 않습니다. 그의 의견은 제게 전혀 흥미가 없습니다.

Thomas' Exercises

💬 Sample 답안 307p

>> 영업 사원이 판매할 제품을 제안하는 말과 관심 없는 고객이 대답하려는 내용을 채우세요.

1.

_____?

Sorry, _____.

2.

_____?

Sorry, _____.

3.

_____?

Sorry, _____.

Anders' Practice
Put It Together!

>> Eric과 그의 동료 Iris는 이번 크리스마스 파티의 기획을 담당하게 되었습니다. 그들은 온라인으로 제품 견본품을 살펴보고 있습니다.

Eric	OK, we need some decorations for the party. 그래, 우리는 파티에 쓸 장식품들이 좀 필요해.
Iris	Let's check that website. 저 웹사이트를 살펴보자.
Eric	What do you think of these decorations? 이 장식품들에 대해 어떻게 생각하니?
Iris	To tell you the truth, they're kind of unattractive. 솔직히 말하면, 디자인이 좀 별로야.
Eric	Yeah, they're not my cup of tea. Hmm, how about these? 알았어, 그것들은 내가 좋아하는 것도 아니네. 흠, 이것들은 어때?
Iris	Oh, those are really attractive, don't you think? 오, 그것들은 정말 멋져, 그렇게 생각지 않니?
Eric	Yes, the design is stunning. We need some napkins too. Which color do you prefer: black or blue? 응, 디자인이 너무 아름다워. 냅킨도 좀 필요해. 검정색이나 파란색 중에서 어느 색깔을 선호하니?

정리 학습

Iris Dark colors are not really my style. Don't they have them in another color?
어두운 색깔은 내 스타일이 아니야. 다른 색깔은 없는 거야?

Eric Sure. Which color appeals to you?
물론 있어. 어떤 색깔이 네 마음에 드니?

Iris That one. I prefer light colors.
저것. 나는 밝은 색깔을 선호해.

Eric How about cups? Would you rather buy glass cups or plastic ones?
컵은 어때? 유리 컵으로 살까 아니면 플라스틱 컵으로 살까?

Iris I like the glass ones more than the plastic.
나는 플라스틱 컵보다는 유리 컵이 더 좋아.

Eric Oh my god! Did you see these candleholders? They're gorgeous!
이럴 수가! 너 이 촛대들 봤어? 아주 근사한데!

Iris They're a bit expensive though…
하지만 그것들은 좀 비싸잖아…

Eric I know, but I'm just nuts about them!
알아, 하지만 나는 그것들에 푹 빠졌어!

Iris Alright, then let's add them as well. But from now on, let's attempt to save some money.
그래, 그렇다면 그것도 추가하자. 하지만 지금부터는 돈을 좀 절약하도록 해보자.

Anders' Practice
Now It's Your Turn!

>> 이제 당신 차례입니다! 앞의 대화에 쓰인 표현을 기억하세요? 아래의 번역 문장을 보고 대화가 완성되도록 빈칸을 채우세요.

Eric OK, we need some decorations for the party.

Iris Let's check that website.

Eric What do you think of these decorations?

Iris To tell you the truth, they're kind of _____.
별로야

Eric Yeah, they're _____. Hmm, how about these?
그것들은 내가 좋아하는 것도 아니네

Iris Oh, those are really attractive, don't you think?

Eric Yes, the design is _____.
너무 아름다워

We need some napkins too. _____:
어느 색깔을 선호하니

black or blue?

이제 네 차례야!

Iris　Dark colors are _____. Don't they have
　　　　　　　　　　　　내 스타일이 아니야
them in another color?

Eric　Sure. Which color _____?
　　　　　　　　　　　　　　네 마음에 드니

Iris　That one. _____.
　　　　　　　　나는 밝은 색깔을 선호해

Eric　How about cups? Would you rather buy glass cups or plastic ones?

Iris　I like _____.
　　　　　나는 플라스틱 컵보다는 유리 컵이 더 좋아

Eric　Oh my God! Did you see these candleholders?
They're _____!
　　　　아주 근사한데

Iris　They're a bit expensive though …

Eric　I know, but _____!
　　　　　　　　　나는 그것들에 푹 빠졌어

Iris　Alright, then let's add them as well. But from now on, let's attempt to save some money.

171

CHAPTER 07

토마스와 앤더스의 업그레이드 된
착한 기초영어 회화

Pure and Simple English UPgrade

	7장에 나오는 어휘들	174
7.1	**Buying something cheap** 값이 싼 물건 사기	176
7.2	**Reacting to something too expensive** 너무 비싼 물건에 대해 반응하기	180
	일곱 번째 BONUS PAGE **업그레이드된 어휘**	184
7.3	**Having no money** 돈이 없음	186
7.4	**Asking about the type of product** 제품 유형에 대해 묻기	190
	• **Put It Together!** 정리 학습	194
	• **Now It's Your Turn!** 이제 네 차례야!	196

CHAPTER 07 THIS CHAPTER'S VOCABULARY

>> 이 장에서 학습하게 될 새로운 어휘입니다. 발음을 CD에서 듣고 난 후 따라 읽고 해당 어휘를 암기하세요.

- ☐ **affordable** [əfɔ́ːrdəbl] 저렴한, 살 만한 가격의
- ☐ **bargain** [báːrgən] 할인 상품, 특가품
- ☐ **brand** [brænd] 브랜드, 상표
- ☐ **broke** [brouk] 돈이 없는, 무일푼의
- ☐ **buck** [bʌk] 달러
- ☐ **cereal** [síəriəl] 시리얼
- ☐ **cheap** [tʃiːp] 값이 싼, 저렴한
- ☐ **cost** [kɔːst] ~의 비용이 들다
- ☐ **drive a hard bargain** 강하게 밀어붙여 유리하게 거래하다, 흥정을 유리하게 이끌려고 열심히 노력하다
- ☐ **fresh** [freʃ] (음식이) 갓 만든, 신선한
- ☐ **haircut** [héərkʌt] 이발, 헤어커트
- ☐ **historic** [histɔ́ːrik] 매우 오래된, 역사가 깊은
- ☐ **investment** [invéstmənt] 투자금, 투자
- ☐ **juice** [dʒuːs] 주스
- ☐ **medicine** [médəsin] 약, 의약품

7장에 나오는 어휘들

- [ ] **on sale** — 판매 중인, 세일 중인
- [ ] **pastry** [péistri] — 페이스트리 케이크
- [ ] **popular** [pɑ́pjulər] — 인기 있는
- [ ] **price** [prais] — 값, 가격
- [ ] **real estate agent** — 부동산 중개업자
- [ ] **rent** [rent] — 임대료
- [ ] **rip-off** [rípɔ̀ːf] — 바가지, 터무니없이 비싼 것
- [ ] **run low on something** — ~이 부족해지다, ~이 다 떨어져가다
- [ ] **sneakers** [sníːkərz] — 스니커즈(밑창이 고무로 된 굽 없는 운동화)
- [ ] **sold out** — 품절의, 다 팔린
- [ ] **steep** [stiːp] — 턱 없이 비싼, 너무 높은
- [ ] **tablet** [tǽblit] **PC** — 태블릿 PC
- [ ] **totally** [tóutəli] — 전적으로, 완전히
- [ ] **tour package** — 패키지 여행
- [ ] **vintage** [víntidʒ] — (자동차 등이) 빈티지의 (옛것이지만 고급스러운 느낌이 나는 것을 말함)
- [ ] **withdraw** [wiðdrɔ́ː] — (은행에서) (돈)을 인출하다

Chapter 07
7.1 Buying something cheap
값이 싼 물건 사기

 That's cheap.
그건 값이 싸네.

 That's pretty affordable.
그건 값이 매우 저렴하네.

 **That's a real bargain!**
그건 정말 싸게 산 물건이다!

UP 형용사 **cheap**은 값이 싼 것에 대해 말할 때 사용합니다. 그러나 **cheap**은 때때로 상품의 품질이 형편없다는 것을 의미하므로, 좀 더 정확한 표현으로 **affordable**과 같은 형용사를 사용할 것을 권유합니다.

UP 제품의 품질도 좋고 적당한 가격에 대해 말하는 **bargain**(특가품) 또는 **steal**(헐값)과 같은 명사 어휘를 사용하는 것도 가능합니다.

VOCABULARY

- **affordable** [əfɔ́ːrdəbl] 저렴한, 비용을 지불할 만 한
- **bargain** [báːrgən] 싸게 팖, 조건을 서로 이야기하다
- **bucks** [bʌks] 달러
- **cheap** [tʃiːp] 싼, 저렴한
- **drive a hard bargain** 가격을 깎다
- **on sale** 판매중인, 세일중인
- **pastry** [péistri] 반죽, 페이스트리 케이크
- **price** [prais] 값, ~에 가격을 매기다
- **sold out** 품절되다
- **tour package** 여행 패키지

A: **This dress is just 23 dollars.**
이 옷은 꼭 23달러입니다.

B: **That's cheap!**
그건 값이 싸네요!

A: **Have you seen this dress? The price is 35 dollars.**
이 옷 보신 적 있으세요? 값은 35달러입니다.

B: **That's pretty affordable.**
값이 매우 저렴하네요.

A: **This dress is on sale this month. It's only 20 bucks.**
이 옷은 이 달에 세일 중입니다. 단지 20달러입니다.

B: **That's a real bargain! I'd better buy one before they're sold out.**
그건 정말 싼 물건이네요. 다 팔리기 전에 저도 하나 사는 것이 좋겠어요.

buck 달러

미국 달러의 동의어로 격식 차리지 않고 사용되는 것 중 하나가 **buck** 입니다. 화폐 통화의 형태로 **buckskin**(사슴이나 염소 가죽)을 최초 정착민들이 거래했었고, 그것이 유래된 것입니다. 하지만 그런 표현은 미국에서만 사용된다는 것을 기억하세요.

Examples

- ✅ **You drive a hard bargain.**
  너는 흥정을 잘하는구나.

- ✅ **The summer sale starts next week.**
  여름 세일은 다음 주부터 시작됩니다.

- ✅ **I'm looking for an affordable tour package.**
  저는 값이 저렴한 패키지 여행 상품을 찾고 있습니다.

- ✅ **The fresh pastry quickly sold out.**
  갓 구운 페이스트리 케이크가 빨리 다 팔렸습니다.

- ✅ **For just 5 bucks, you can get a nice haircut.**
  꼭 5달러에 멋있게 머리를 자를 수 있습니다.

- ✅ **The price of oil is low these days.**
  기름값이 요즘 떨어졌습니다.

Thomas' Exercises

Sample 답안 308p

>> 제품의 값과 그것이 얼마나 저렴한지를 표현하는 내용의 글로 아래 대화를 채워 넣으세요.

1. A: These _____ are just _____.

   B: _____.

2. A: This _____ is just _____.

   B: _____.

3. A: This _____ is just _____.

   B: _____.

4. A: This _____ is just _____.

   B: _____.

Chapter 07
7.2 Reacting to something too expensive
너무 비싼 물건에 대해 반응하기

 That's too expensive.
그건 너무 비싸요.

 That's a rip-off.
그건 바가지로군요.

 **That's more than I can afford.**
그건 제가 감당할 수 있는 것보다 더 많네요.

- 여러분들도 아시다시피, 형용사 **expensive**는 값이 비싸다는 것을 나타내며, 만약 **too expensive**라고 말한다면 너무 비싸다고 하는 것입니다.

- 비슷하게 **rip-off**는 제품의 값이 너무 비싸다는 것 또는 그 값에 비해 가치가 없다는 것을 나타냅니다. **rip-off**의 강한 어감 때문에 물건에 대한 사기 또는 거래에서 부당함을 당해 고소할 때 사용되므로, 판매자에게 직접적으로 말해서는 안 됩니다. 이 어휘는 동사로 사용할 수도 있습니다. **The store ripped me off by selling fake goods.** (그 상점에서는 가짜 제품을 판매하면서 내게 바가지를 씌었어.)

- 동사 **afford**의 의미는 제품의 값을 지불할 만하다는 것을 의미합니다. **I can/can't afford**로 말하게 되고, 그 물건이 지불 가능한 값의 범주 내에 있는지 또는 외에 있는지를 표현합니다.

VOCABULARY

- ☐ **medicine** [médəsin] 약
- ☐ **real estate agent** 부동산 중개인
- ☐ **rip off** 바가지를 씌우다
- ☐ **sneakers** [sníːkərs] 운동화
- ☐ **steep** [stiːp] 가파른, 터무니 없이 비싼
- ☐ **reacting** [riæktiŋ] 반응하는
- ☐ **afford** [əfɔ́ːrd] 여유가 되다

A: These sneakers are 120 dollars.
이 스니커즈 운동화는 120달러입니다.

B: That's too expensive.
그건 너무 비싸요.

A: These sneakers cost one hundred and twenty dollars.
이 스니커즈 운동화는 값이 120달러입니다.

B: That's a rip-off.
그건 완전 바가지네요.

A: You can get these sneakers for a hundred and twenty bucks.
당신은 120달러에 이 스니커즈 운동화를 살 수 있습니다.

B: That's more than I can afford. Don't you have something cheaper?
제가 감당할 수 있는 것보다 더 많네요. 더 저렴한 것은 없습니까?

steep 턱없이 비싼

expensive(비싼)라는 표현 외에 다른 형용사로 steep이 있습니다. 일반적으로 명사 price(가격)와 주로 함께 사용됩니다.

- I like these sneakers, but the price is a bit steep.
  저는 이 운동화가 좋습니다만 값이 약간 턱없이 비싸네요.

Examples

- Wow, you want 250 dollars? That's pretty steep!
  와우, 250달러를 원하신다고요? 그건 꽤나 턱없이 비싸요!

- I got ripped off by the real estate agent.
  나는 부동산 중개업자에게 바가지를 썼다.

- I can't afford such an expensive ticket.
  나는 그렇게 비싼 표를 감당할 여유가 없어요.

- You shouldn't pay 900 bucks per month for your rent. That's too much.
  당신은 임대료로 월 900달러를 지불할 수 없을 것 같아요. 그건 너무 많아요.

- Don't you think 300 euros is too expensive?
  300 유로는 너무 비싸다고 생각하지 않으세요?

- How much does this medicine cost? I don't think we can afford it.
  이 약은 얼마죠? 저는 우리가 그것을 감당할 수 있다고 생각하지 않아요.

Thomas' Exercises

💬 Sample 답안 309p

▶▶ 아래의 어휘들을 알맞은 순서로 놓아 문장을 다시 완성하세요.

1. too / real / are / prices / estate / expensive
   _____

2. dollars / these / new / are / 120 / sneakers
   _____

3. that's / I / more / afford / than / can
   _____

4. pretty / per / dollars / hundred / month / is / two / steep
   _____

5. I / by / off / a / was / salesman / ripped
   _____

Vocabulary UPgrade

1 **about** [əbáut] ⇨ **approximately** [əpráksəmətli]
대략적으로 　　　　　　　　　　거의 정확하게, 대략

I finish work in approximately 30 minutes. Please meet me then.
나는 거의 정확하게 30분 이후에 일을 마칩니다. 그때 만나요.

2 **things** [θiŋz] ⇨ **stuff** [stʌf]
것들 　　　　　　　　　　물건, 것(불가산)

This sandwich is really tasty. What kind of stuff did you put in it?
이 샌드위치는 정말 맛있어. 어떤 것들을 넣었니?

3 **way** [wei] ⇨ **direction** [dirékʃən]
길 　　　　　　　　　　방향

If you walk in that direction, you'll get to the river.
당신이 만약 저쪽 방향으로 걸어간다면, 강에 도착할 것입니다.

4 **house** [haus] ⇨ **residence** [rézədəns]
집 　　　　　　　　　　거주지

My main residence is in Seoul, but I also have a house in Jeju.
나의 주요 거주지는 서울이지만 제주에도 집이 한 채 더 있습니다.

업그레이드된 어휘

💬 Sample 답안 310p

▶▶ 학습한 새로운 어휘를 사용하여 아래의 밑줄 친 부분을 업그레이드하세요.

① Which <u>way</u> should I go to get to the train station?
기차역으로 가려면 어느 길로 가야 합니까?

___

② This work will take <u>about</u> two hours to finish.
이 일은 끝내려면 대략 2시간쯤 소요됩니다.

___

③ Where is your <u>house</u> located?
당신의 집은 어디에 위치해 있습니까?

___

④ I'm busy today. I have a lot of <u>things</u> to take care of.
저는 오늘 바빠요. 처리해야 할 것들이 많습니다.

___

Chapter 07
7.3 Having no money
돈이 없음

 I don't have any money.
저는 돈이 없어요.

 I'm totally out of money.
저는 돈이 전혀 없습니다.

 **I'm running low on money.**
저는 돈이 다 떨어져가요.

- **UP** '돈이 없다'는 것을 말하기 위해 흔히 **do not have any money**라는 표현을 사용하여 말합니다.

- **UP** 만약 단순한 문장을 업그레이드하기를 원한다면, 다음의 두 표현을 고려해 보세요. **be out of something** 그리고 **run low on something**입니다.

- **UP** 첫 번째와 두 번째 문장은 돈이 전혀 남아 있지 않은 것을 나타내지만 **run low**라고 말하는 것은 단지 많지 않은, 약간의 돈이 남아 있음을 의미한다는 걸 기억하세요.

VOCABULARY
- **broke** [brouk] 파산한, 무일푼의
- **investments** [invéstmənt] 투자금, 투자
- **running low on something** 재고가 바닥나다
- **totally** [tóutəli] 전부, 전혀
- **withdraw money** 돈을 인출하다

A: I don't have any money.
저는 돈이 없습니다.

B: That's OK. I'll pay for us.
괜찮습니다. 제가 지불하겠습니다.

A: I'm out of money.
저는 돈이 없습니다.

B: If you're broke, I can lend you some cash.
돈이 없다면 제가 당신에게 현금을 좀 빌려줄 수 있는데요.

A: I'm running low on money.
저는 돈이 다 떨어져가요.

B: Then let's go to the bank and withdraw some.
그렇다면 은행으로 가서 돈을 좀 인출해요.

broke 돈이 없는, 무일푼의

돈이 전혀 없을 때, 우리는 사람들이 **broke**라고 말하는 것을 들을 수 있습니다.

- **I paid my bills this month, but now I'm totally broke.**
제가 이 달 청구서를 지불했습니다만 현재 저는 완전히 무일푼인 상태입니다.

Examples

- We're low on orange juice. Can you buy some more?
  우리는 오렌지 주스가 별로 없어요. 좀 더 살 수 있어요?

- I'd like to talk more. But we're out of time.
  저는 좀 더 이야기하고 싶습니다. 그러나 저희는 시간이 없습니다.

- I went to the bank to withdraw some cash.
  저는 현금을 좀 인출하려고 은행에 갔습니다.

- Could you lend me some money? I'll pay you back soon.
  돈을 좀 빌려 주실 수 있습니까? 제가 곧 갚겠습니다.

- Mr. Harris went broke after making some bad investments.
  해리스 씨는 투자를 좀 잘못하여 파산했어.

- I'm out of money for tonight. You'll have to pay for our drinks.
  나는 오늘 저녁에 돈이 없어. 네가 우리가 마신 술값을 지불해야겠다.

Thomas' Exercises

Sample 답안 311p

>> **out of**는 무슨 뜻입니까? 그림을 본 후 학습한 것을 활용하여 세 가지 다른 형태로 만드세요.

1.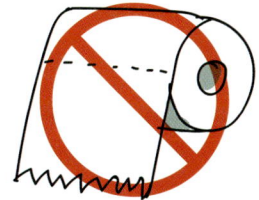

   _____.
   _____.
   _____.

2.

   _____.
   _____.
   _____.

3.

   _____.
   _____.
   _____.

Chapter 07
7.4 Asking about the type of product
제품 유형에 대해 묻기

 What kind of car is it?
그것은 어떤 종류의 차입니까?

 What model do you drive?
당신은 어떤 모델의 자동차를 운전하십니까?

 **What brand of car do you have?**
당신은 어떤 브랜드의 자동차를 가지고 있습니까?

UP 여기 세 가지 다른 종류의 명사가 있습니다. **kind, model** 그리고 **brand**는 어떤 종류의 차량을 가지고 있는지 설명합니다. **kind**나 **type**은 사람 또는 물건의 종류를 나타낼 때 사용되며, **brand**는 상업용 제품에서 사용하고, **model**은 자동차 종류를 나타낼 때 주로 사용됩니다.

UP **Do you have**(~을 가지고 있습니까?), **What kind is it**(그것은 어떤 종류입니까) 또는 **Do you drive**(당신은 운전하십니까)와 같이(혹은 여러분이 말하고자 하는 것에 대한 제품에 적합한 동사는 무엇이든지) 다양한 동사를 사용할 수도 있습니다.

VOCABULARY

- **brand** [brænd] 품종, 상표
- **cereal** [síəriəl] 곡물(흔히 아침 식사용)
- **drive** [draiv] 운전하다
- **product** [prádʌkt] 제품, 상품
- **juice** [dʒu:s] 주스, ~의 즙을 짜다
- **historic** [histɔ́:rik] 역사상 유명한
- **vintage** [víntidʒ] 오래된

A: What kind of car is it?
그건 어떤 종류의 자동차입니까?

B: It's a Hyundai.
현대 자동차입니다.

A: What model do you drive?
당신은 어떤 모델의 자동차를 운전하십니까?

B: I drive a '96 Ford.
저는 96년식 포드 자동차를 운전합니다.

A: What brand of car do you have?
당신은 어떤 브랜드의 자동차를 갖고 있습니까?

B: I have a vintage car. It's an '88 Lexus.
저는 빈티지 자동차를 갖고 있습니다. 88년식 렉서스 자동차입니다.

vintage의 유의어

vintage cars는 클래식으로 간주되는 오래된 차를 의미합니다. **vintage**는 자동차 또는 와인에서만 주로 사용되고, 비슷한 의미의 다른 형용사로는 **classic** (클래식한), **historic** (매우 오래된) 또는 **rare** (희귀한) 등이 있으며 제품의 유형에 따라 사용됩니다.

Examples

- What kind of car is that? It's really beautiful.
  저것은 무슨 종류의 자동차입니까? 정말 아름답군요.

- My hobby is collecting historic coins.
  제 취미는 매우 오래된 동전을 수집하는 것입니다.

- I used to drive a Toyota Corolla, but I changed to a different model.
  저는 전에 토요타 코롤라를 운전했었습니다만 다른 자동차 모델로 바꿨습니다.

- I don't like this brand of cereal. It's a rip-off.
  나는 이 상표의 시리얼을 좋아하지 않습니다. 그건 값이 터무니없이 비싸요.

- I usually drink a different brand of beer, but it's sold out.
  저는 보통 다양한 브랜드의 맥주를 마십니다만 그건 품절이네요.

- What type of candy do you prefer? I like this one.
  어떤 유형의 사탕을 선호하세요? 저는 이것이 좋습니다.

Thomas' Exercises

Sample 답안 312p

>> 제품이 어떤 종류인지 물어보세요. 그 후 로고를 보고 정답을 적으세요. 끝나고 나면, 교실을 돌아다니면서 반 친구에게 어떤 종류의 자동차를 운전하는지 물어보세요.

1. Q: _____?

   A: _____.

2. Q: _____?

   A: _____.

3. Q: _____?

   A: _____.

4. Q: _____?

   A: _____.

Anders' Practice
Put It Together!

>> 백화점 영업사원이 고객님에게 다가갑니다.

Salesman	Hello, ma'am. Are you looking for anything in particular? 안녕하세요, 손님. 특별히 찾고 계시는 물건이 있습니까?
Mrs. Crane	Yes, I'm looking for a Christmas present for my husband. 네, 저는 남편에게 줄 크리스마스 선물을 찾고 있습니다.
Salesman	Have you seen this new tablet PC? It's the latest model. 이 새로 나온 태블릿 PC를 보신 적 있으세요? 가장 최신 모델입니다.
Mrs. Crane	Oh, it's a little steep. I can't afford that. 오, 그건 좀 비싸군요. 저는 그걸 살 여유가 없습니다.
Salesman	I see. How about this one? It's more affordable. 그러시군요. 이건 어떻습니까? 좀 더 저렴합니다.
Mrs. Crane	I like that one! What brand is it? 그것이 마음에 들어요! 무슨 브랜드인가요?
Salesman	It's a new Chinese brand. It's very popular these days. 새로 나온 중국산 브랜드입니다. 요즘 매우 인기 있는 제품입니다.
Mrs. Crane	OK, I'll take it! 네, 그것으로 하겠습니다.

정리 학습

··· 잠시 후, 상점의 다른 섹션에서 ···

Salesman Have you seen this bag?
이 가방을 보신 적 있으세요?

Wendy It's really pretty. And it's quite cheap too.
정말로 예쁘네요. 그리고 값도 상당히 저렴하네요.

Salesman Yes, we're having a Christmas sale now. So it's only 24 dollars.
네, 지금 크리스마스 세일 중입니다. 그래서 그것은 단지 24달러입니다.

Wendy That's a real bargain!
그것 정말 싸게 파는 물건이네요!

Salesman So, have you made up your mind?
그럼 결정하셨어요?

Wendy I'd love to buy it. But unfortunately, I'm running low on money this month. Will it still be on sale next month?
정말 그걸 사고 싶어요. 하지만 유감스럽게도 제가 이 달에 돈이 다 떨어져가요. 그건 다음달에도 여전히 세일하는 건가요?

Salesman Yes, but don't wait too long. This model sells out quickly.
네, 하지만 너무 오래 기다리진 마세요. 이런 모델은 빨리 품절되거든요.

Anders' Practice
Now It's Your Turn!

>> 이제 당신 차례입니다! 앞의 대화에 쓰인 표현을 기억하세요? 아래의 번역 문장을 보고 대화가 완성되도록 빈칸을 채우세요.

Salesman   Hello, ma'am. Are you looking for anything in particular?

Mrs. Crane Yes, I'm looking for a Christmas present for my husband.

Salesman   Have you seen this new tablet PC? It's the latest _____.
            모델

Mrs. Crane Oh, it's _____. I can't
            그것은 좀 비싸군요
            _____ that.
            살 여유가 없습니다

Salesman   I see. How about this one? It's more _____.
            저렴합니다

Mrs. Crane I like that one! What _____ is it?
            브랜드

Salesman   It's a new Chinese brand. It's very popular these days.

Mrs. Crane OK, I'll take it!

이제 네 차례야!

… 잠시 후, 상점의 다른 섹션에서 …

Salesman Have you seen this bag?

Wendy It's really pretty. And it's quite _____ too.
저렴하네요

Salesman Yes, we're having a Christmas _____ now.
세일
So it's only 24 dollars.

Wendy That's _____!
정말 싸게 파는 물건이네요

Salesman So, have you made up your mind?

Wendy I'd love to buy it. But unfortunately,
_____ this month. Will it still be
제가 돈이 다 떨어져가요
_____ next month?
세일하는 건가요

Salesman Yes, but don't wait too long. This model sells out quickly.

CHAPTER 08

토마스와 앤더스의 업그레이드 된
착한 기초영어 회화

Pure and Simple English UPgrade

	8장에 나오는 어휘들	200
8.1	**Asking about future plans** 앞으로의 계획에 대해 묻기	202
8.2	**Talking about the weather (predictions)** 날씨(예보)에 대해 얘기하기	206
	여덟 번째 BONUS PAGE 업그레이드된 어휘	210
8.3	**Expressing certainty** 확신하고 있음을 표현하기	212
8.4	**Expressing possibility** 가능성을 표현하기	216
	• Put It Together! 정리 학습	220
	• Now It's Your Turn! 이제 네 차례야!	222

CHAPTER 08 — THIS CHAPTER'S VOCABULARY

>> 이 장에서 학습하게 될 새로운 어휘입니다. 발음을 CD에서 듣고 난 후 따라 읽고 해당 어휘를 암기하세요.

☐ **beach** [biːʧ]	해변
☐ **blind date** [bláind déit]	소개팅, 맞선
☐ **cancel** [kǽnsəl]	취소하다
☐ **chance** [ʧæns]	가능성, 가망
☐ **cloud** [klaud]	구름
☐ **confirmation** [kànfərméiʃən]	(예약 등의) 확인, 확인 통지
☐ **definitely** [défənitli]	명백히, 분명히
☐ **drunk** [drʌŋk]	술 취한
☐ **forecast** [fɔ́ːrkæ̀st]	예상, 예측, 예보
☐ **get married** [gét mǽrid]	결혼하다
☐ **guarantee** [gæ̀rəntíː]	보증하다, 장담하다
☐ **keep a promise** [prάmis]	약속을 지키다

8장에 나오는 어휘들

- [ ] **office** [ɔ́:fis] 사무실
- [ ] **parents** [pɛ́ərənts] 부모님
- [ ] **plan** [plæn] 계획
- [ ] **positive** [pázətiv] 확신하는, 자신하는
- [ ] **possible** [pásəbl] 가능성 있는, 있을 수 있는
- [ ] **predict** [pridíkt] 예상하다, 예측하다
- [ ] **reservation** [rèzərvéiʃən] 예약
- [ ] **retire** [ritáiər] 퇴직하다, 은퇴하다
- [ ] **tax** [tæks] 세금
- [ ] **traffic** [trǽfik] 교통(량), 왕래, 통행
- [ ] **visit** [vízit] 방문하다
- [ ] **weather** [wéðər] 날씨, 기상
- [ ] **worry** [wə́:ri] 걱정하다

Chapter 08
8.1 Asking about future plans
앞으로의 계획에 대해 묻기

 What will you do this weekend?
당신은 이번 주말에 무엇을 하실 거예요?

 What are you doing this weekend?
당신은 이번 주말에 뭐 할 예정이세요?

 **What are your plans for the weekend?**
당신이 이번 주말에 하실 계획은 무엇입니까?

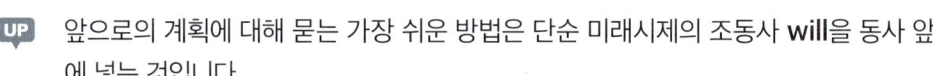

UP 앞으로의 계획에 대해 묻는 가장 쉬운 방법은 단순 미래시제의 조동사 **will**을 동사 앞에 넣는 것입니다.

UP **What are you doing~** 이라고 말하는 것은 일반적으로 현재시제로 인식되고, 지속되는 행동에 대해 말할 때 사용합니다. 그러나 미래에 대해 말할 때에도 지속되는 행동에 대한 시간을 연장할 수 있습니다. 이러기 위해서는 **next year** 또는 **this winter** 와 같은 미래 시간을 추가하는데, 그렇다고 해서 아주 먼 미래에 대한 것을 말할 때까지 사용하는 것은 아닙니다. **What are you doing when you are 60?** (당신은 60 세가 되면 무엇을 할 예정인가요?) (**X**)

VOCABULARY

- **beach** [biːʧ] 해변
- **confirmation** [kànfərméiʃən] 확정, 확증, 확인
- **blind date** 블라인드 데이트
- **parents** [péərənts] 부모님
- **plan** [plæn] 계획하다, 계획
- **reservation** [rèzərvéiʃən] 예약
- **retire** [ritáiər] 퇴직하다, 물러가다
- **visit** [vízit] 방문하다
- **future** [fjúːʧər] 미래

A: What will you do this weekend?
당신은 이번 주말에 무엇을 하실 거예요?

B: I'm visiting my parents.
저는 부모님을 방문할 예정입니다.

A: What are you doing this weekend?
당신은 이번 주말에 무엇을 할 예정이세요?

B: I'm planning to go to the beach with my family.
저는 가족과 함께 해변에 가려고 합니다.

A: What are your plans for the weekend?
당신이 이번 주말에 하실 계획은 무엇입니까?

B: I might go on a blind date. I'm still waiting for confirmation.
저는 소개팅에 나갈지도 몰라요. 여전히 확인 통지를 기다리고 있습니다.

confirmation 확인

누군가에게 요청하거나 제안할 때, **make a confirmation** (확인하다)를 기다려야 합니다. 동사 어휘 **confirm**을 사용할 수도 있습니다.

- **Please confirm what time we will meet tomorrow.**
  우리가 내일 몇 시에 만날 것인지 시간을 확인해 주세요.

Examples

- ✓ **I don't have any plans yet.**
  저는 아직 계획이 없습니다.

- ✓ **I'm planning to retire when I'm 61.**
  저는 61세가 되면 은퇴하려 합니다.

- ✓ **What are your plans for the summer holidays?**
  당신이 이번 여름 휴가에 하실 계획은 무엇입니까?

- ✓ **Do you have any plans this evening?**
  당신은 오늘 밤에 어떤 계획 있습니까?

- ✓ **I might visit the doctor's office later today.**
  저는 오늘 늦게 의사의 진료를 받으러 갈지도 모릅니다.

- ✓ **I need confirmation on my hotel reservation.**
  저는 호텔 예약에 대한 확인이 필요합니다.

NOTE! 시간 표현

- ☐ morning 아침
- ☐ noon 정오
- ☐ afternoon 오후
- ☐ evening 저녁
- ☐ midnight 밤12시
- ☐ night 밤
- ☐ week 주중
- ☐ weekend 주말
- ☐ month 월, 달
- ☐ year 연, 해

Thomas' Exercises

💬 Sample 답안 313p

>> 팀을 만들어 아래의 주제로 그들의 계획을 묻고 대답하세요.

1. **this weekend** 이번 주말

   A: _____?

   B: _____.

2. **for Christmas** 크리스마스 때

   A: _____?

   B: _____.

3. **when you retire** 당신이 은퇴할 때

   A: _____?

   B: _____.

4. **this evening** 오늘 저녁

   A: _____?

   B: _____.

Chapter 08
8.2 Talking about the weather (predictions)
날씨(예보)에 대해 얘기하기

 It looks like rain
비가 올 것 같다.

 I think it might rain today.
오늘 비가 올 것 같네요.

 **The weather forecast predicted rain.**
일기예보는 비가 올 거라고 예측했다.

UPGRADE

UP It looks like(~ 처럼 보인다)라는 표현은 외형에 근거한 것입니다. 그 외에, **It looks like it might snow/be sunny.**(눈이 올 것 같아./날씨가 맑을 것 같아.)라고 사용됩니다.

UP 기억하세요. 이런 어휘들은 일기예보에 기반을 두고 있습니다.(미래에 날씨가 어떨지). 만약 현재 날씨를 설명한다면, **be** 동사를 간단하게 사용하여 말합니다. **It is hot.**(더워), **It is snowing.**(눈이 오네.) 등등.

VOCABULARY

- clouds [klaudz] 구름
- drunk [drʌŋk] drink 의 과거 분사형, 술 취한
- forecast [fɔrkæst] 예상, 예측, 예보
- predict [pridíkt] 예언하다, 예보하다
- weather [wéðər] 날씨
- prediction [pridíkʃən] 예상, 예측
- match [mætʃ] 경기, 어울리다

A: It looks like rain.
비가 올 것 같다.

B: Yes, I think you're right.
네, 저는 당신 말이 옳다고 생각해요.

A: I think it might rain today.
오늘 비가 올지도 모른다고 생각해요.

B: Really? I hope it stops by this evening.
정말요? 저는 오늘 저녁때까지는 비가 멈추길 바라요.

A: The weather forecast predicted rain.
일기예보는 비가 올 것이라고 예측했습니다.

B: Yes, the clouds look pretty dark right now.
네, 지금 구름이 매우 검게 보여요.

predict / prediction
예상하다, 예측하다 / 예상, 예측

다양한 다른 형태의 **predict** (예측하다) 예를 들어 명사 **prediction** (예측) 어휘를 사용할 수 있습니다.

- **What's your prediction for this match?**
  이번 경기에 대한 너의 예상은 무엇이니?
- **Who do you predict will win this match?**
  이번 경기에서 누가 이길 것이라고 예측하니?

Examples

- I think it might be cloudy this weekend.
  이번 주말에 날씨가 흐릴 것 같아요.

- It looks like he's drunk.
  그는 술에 취한 것 같아요.

- I hope the snow stops by tomorrow.
  저는 눈이 내일까지는 멈추길 바라요.

- The weather forecast predicts strong wind for this week.
  일기예보는 이번 주에 강한 바람이 불 것이라고 예측하고 있습니다.

- My mom predicted I would get married soon.
  저희 어머니는 제가 곧 결혼할 것이라고 예상하셨습니다.

NOTE!
다양한 형태의 날씨
(명사/동사/형용사)

rain / 비	it is raining / 비가 오고 있습니다	rainy / 비 내리는
snow / 눈	it is snowing / 눈이 오고 있습니다	snowy / 눈이 오는
cloud / 구름	진행형 없음	cloudy / 구름 낀
sun / 해	the sun is shining / 태양이 빛나고 있습니다	sunny / 맑은
wind / 바람	the wind is blowing / 바람이 불고 있습니다	windy / 바람 부는

Thomas' Exercises

Sample 답안 314p

>> 그림과 설명을 기반으로 날씨에 대한 문장을 만드세요.

1. Today: rain

   _____ .

2. This evening: snow

   _____ .

3. Tomorrow: sun

   _____ .

4. Next weekend: clouds, strong wind

   _____ .

Vocabulary UPgrade

1 The weather is _____ .
날씨가 ~입니다.

→ **cold** [kould]
추운

→ **chilly** [tʃíli]
쌀쌀한

→ **freezing** [fríːziŋ]
몹시 추운

2 It's _____ in this room!
이 방은 ~합니다!

→ **hot** [hɑt]
더운

→ **boiling** [bɔ́iliŋ]
몹시 더운

→ **sweltering** [swéltəriŋ]
무더운

3 It's _____ outside.
바깥 날씨가 ~합니다.

→ **raining** [réiniŋ]
비 오는

→ **drizzling** [drízliŋ]
이슬비 내리는

→ **pouring** [pɔ́ːriŋ]
비가 억수로 쏟아지는

업그레이드된 어휘

💬 Sample 답안 315p

① **Could I borrow your gloves? My hands are freezing!**
당신의 장갑을 제가 빌릴 수 있을까요? 지금 제 손이 얼어붙을 것 같아요!

② **Please turn the radiator off. I'm boiling right now.**
난방기를 꺼주세요. 지금 제가 몹시 덥습니다.

③ **It's only drizzling a bit. We can still go outside.**
이슬비가 조금 오고 있을 뿐입니다. 우리는 외출할 수 있을 것 같아요.

▶▶ 이제 당신 차례입니다! 학습한 어휘를 활용하여 좀 더 흥미롭게 아래의 밑줄 친 부분들을 다시 만들어 보세요.

① **Why were you waiting outside? You must be <u>cold</u>. Come inside!**
왜 밖에서 기다리고 있었어? 추웠겠다. 안으로 들어와!

_____

② **I like to drink some warm tea whenever it's <u>raining</u>.**
비가 올 때마다 저는 따뜻한 차를 조금 마시기를 좋아합니다.

_____

③ **I always feel so lazy on a <u>hot</u> summer day.**
더운 여름날에는 저는 늘 기분이 매우 나른해져요.

_____

Chapter 08
8.3 Expressing Certainty
확신하고 있음을 표현하기

 I'm sure we can do it.
나는 우리가 그것을 할 수 있다고 확신합니다.

 We can definitely do it.
우리는 분명히 그것을 할 수 있습니다.

 **I guarantee we can do it.**
저는 우리가 그것을 할 수 있다고 장담합니다.

UP 무엇인가에 대해 확신을 표현하기 위하여 **sure** 형용사를 사용할 수 있습니다. 간단하게 **Are you sure?**(확신하세요?) 그리고 **I'm sure.**(저는 확신합니다.) 라고 말하는 것은 충분합니다. **sure**를 대신하여 편하게 **I'm positive.**(나는 확신해.)라고 말할 수도 있습니다.

UP 다른 방법으로 **definitely**나 다음 페이지에 나오는 부사들을 사용할 수 있습니다. 여러분이 확신하는 것을 강조하고자 하는 동사 앞에 부사를 넣으세요.

UP 마지막으로 **guarantee**와 같은 동사를 사용할 수 있고, 이미 확신하는 의미를 포함하고 있으므로 다른 수식어가 필요하지 않습니다.

VOCABULARY

- **definitely** [défənitli] 명확하게, 확실히
- **guarantee** [gærəntí:] 보증하다
- **tax** [tæks] 세금
- **positive** [pázətiv] 긍정적인 (확신 있는)
- **worry** [wə́:ri] 걱정하다
- **certainty** [sə́:rtnti] 확실한것

A: Can we finish this report on time?
우리가 이 보고서를 제 시간에 끝낼 수 있을까?

B: I'm sure we can do it.
저는 우리가 그 일을 할 수 있다고 확신합니다.

A: Do you think we can finish this report on time?
우리가 이 보고서를 제 시간에 끝낼 수 있다고 생각하세요?

B: Don't worry. We can definitely do it.
걱정하지 마세요. 우리는 분명히 그 일을 할 수 있습니다.

A: I'm not sure if we can finish this report on time.
우리가 이 보고서를 제시간에 끝낼 수 있을지 확신이 서지 않습니다.

B: There's no need to worry. I guarantee we can do it.
걱정할 필요 없습니다. 저는 우리가 그 일을 할 수 있다고 장담합니다.

definitely and certainly
분명히와 확실히

definitely를 대신하여, 다른 부사인 certainly를 사용할 수도 있습니다. 또한 형용사인 certain을 사용할 수도 있고요. 예를 들어, 위 첫 번째 대화에서 sure를 certain으로 바꿔 I'm certain we can do it.로 말할 수 있습니다.

Examples

- I'm positive my boyfriend really loves me.
  저는 제 남자친구가 저를 정말 사랑하고 있다고 확신해요.

- You should talk to Jenny. She can definitely help you.
  당신은 제니에게 얘기해야 해요. 그녀는 분명히 당신을 도와줄 수 있습니다.

- Do you think we can finish our dinner by 6 p.m.?
  너는 우리가 오후 6시까지 저녁식사를 끝낼 수 있다고 생각하니?

- There's no need to hurry. We have enough time.
  서두를 필요 없어. 우리는 시간이 충분해.

- I'm not sure if he'll keep his promise.
  나는 그가 약속을 지킬지 확신이 안 돼.

- The president guaranteed that taxes would not rise.
  대통령은 세금이 오르지 않을 것이라고 보증했습니다.

Thomas' Exercises

💬 Sample 답안 316p

▶▶ 우리가 학습한 세 가지 유형을 사용하여 아래의 문장을 확신하는 문장으로 바꾸세요.

1. Helen can help you.   ⇨   _____.
   헬렌이 너를 도울 수 있습니다

2. We will arrive on time.   ⇨   _____.
   우리는 정시에 도착할 것입니다.

3. The taxes will not rise.   ⇨   _____.
   세금은 오르지 않을 것입니다.

▶▶ 이제, 아래의 물음에 확신 있게 대답하는 내용의 문장으로 만드세요.

4. Q: Do you think she loves me?
   당신은 그녀가 나를 사랑하고 있다고 생각하세요?

   A: _____.

5. Q: Will you keep your promise?
   당신은 약속을 지킬 것인가요?

   A: _____.

6. Q: Can we really finish work by 7 p.m.?
   우리는 오후 7시까지 정말 일을 끝낼 수 있습니까?

   A: _____.

Chapter 08
8.4 Expressing possibility
가능성을 표현하기

I might be late.
저는 늦을지도 몰라요.

It's possible I'll be late.
제가 늦을 가능성이 있습니다.

There's a chance I could be late.
제가 늦을지도 모르는 가능성이 있습니다.

UP 가능성을 표현하는 가장 좋은 방법은 조동사 **may**와 **might**를 사용하는 것입니다. 8.2장에서 이미 봤던 **might**는 **it might rain**.(비가 올지도 몰라.)라고 무엇인가 발생할 가능성을 보여 주는 것입니다.

UP 또한 형용사 **possible**(가능성 있는) 또는 **not possible/impossible**(가능성 없는/있을 수 없는)과 같이 무엇인가 일어날 것인지 일어나지 않을 것인지를 나타내는 형용사를 사용할 수도 있습니다.

UP 마지막으로, 조금 더 복잡한 문장으로, **There's a chance**(가능성이 있어)라는 문장을 **could** 또는 **can**과 같은 조동사를 사용하여 나타낼 수 있습니다. **chance**는 얼마나 가능한지를 나타내지는 않습니다만 단지 그것이 발생할 수 있는 가능성만을 나타냅니다.

VOCABULARY

- **cancel** [kǽnsəl] / **canceled** 취소하다 / 취소된
- **a chance** [tʃæns] 기회, 가능성
- **possible** [pásəbl] 가능한, 있을 수 있는
- **traffic** [trǽfik] 교통량, 거래하다
- **possibility** [pàsəbíləti] 가능성
- **impossible** [impásəbl] 불가능

A: I might be late.
저는 늦을지도 몰라요.

B: That's OK. I'll wait.
괜찮아요. 제가 기다릴게요.

A: The traffic is bad, so it's possible I'll be late.
교통 체증이 심합니다, 그래서 제가 늦을 가능성이 있어요.

B: When do you think you'll arrive?
당신은 언제쯤 도착할 거라고 생각하세요?

A: There's a chance I could be late for our meeting.
제가 회의에 늦을지도 모르는 가능성이 있어요.

B: I see. Try to come as fast as possible.
알았어요. 가능한 한 빨리 오도록 하세요.

as fast as possible
가능한 한 빨리

무엇인가 발생 가능한 것을 보여 주기 위해 as ___ as 문장 구조를 사용할 수 있습니다.

- I called you as fast as possible.
  나는 가능한 한 빨리 당신에게 전화했습니다.
- I need as much time as possible to finish this.
  나는 이것을 끝내려면 가능한 한 많은 시간이 필요합니다.

Examples

- ✓ **Is it possible to change our meeting time?**
  우리의 회의 시간을 변경하는 것이 가능할까요?

- ✓ **It might be time to buy a new phone.**
  새로 나온 전화기를 사야 할 시기인지도 몰라요.

- ✓ **It's impossible to arrive before 3 p.m.**
  오후 3시 이전에 도착하는 것은 불가능합니다.

- ✓ **When do you think you'll go to bed?**
  당신은 언제 잠자리에 들 생각이세요?

- ✓ **Try to finish work as fast as possible.**
  가능한 한 빨리 일을 마쳐 보세요.

- ✓ **There's a chance that our plane will be canceled.**
  우리 비행기가 취소될 가능성이 있습니다.

Thomas' Exercises

Sample 답안 317p

>> 여러분 자신이 창의적인 예문을 만들어 아래 문장의 빈칸을 채우세요.

1. In ten years, it's possible that _____.

   10년 후에는, 아마 _____ 수도 있지.

2. Tomorrow, I might _____.

   내일, 나는 _____ 지도 몰라.

3. It might be time for me to _____.

   내가 아마도 _____ 할 시간일지도 몰라.

4. It's impossible for me to _____.

   내가 _____ 은 불가능한 일이야.

5. There's a chance I could _____.

   내가 _____ 될지도 모른다는 가능성이 있어.

6. _____, so it's possible _____.
         원인, 이유   결과

   _____ 한다면 _____ 할 가능성이 있어.

Anders' Practice
Put It Together!

>> 금요일 오후입니다. 동료 두 사람이 주말을 보낼 계획에 대해 의논하고 있습니다.

Jeremy Ah, it's finally Friday! Almost time to go home.
아, 드디어 금요일이네요! 집에 갈 시간이 다 됐네요.

Kelly What are your plans for the weekend?
주말을 보낼 계획은 무엇이세요?

Jeremy I'm attending a concert Saturday afternoon.
저는 토요일 오후에 콘서트에 참석할 예정입니다.

Kelly That sounds nice! Where will you go afterwards?
그거 멋지네요! 그 이후에는 어디 가실 거예요?

Jeremy I'm planning to go to the river and have fun with my friends.
강으로 가서 친구들과 함께 즐겁게 시간을 보내려고 해요.

Kelly Wow, what a great plan! Would you mind if I join you?
와우, 정말 멋진 계획이네요! 제가 함께 참여해도 될까요?

Jeremy Of course you can join us! I'm sure there will still be some tickets left for the concert.
물론 우리와 함께 참여하셔도 좋습니다! 콘서트 표가 아직도 남아 있을 것이라고 확신해요.

··· 토요일 아침 ···

정리 학습

Jeremy [전화로] Kelly, have you checked today's weather? It looks like rain.
[전화로] 켈리, 오늘 날씨 확인해 보셨어요? 비가 올 것 같아요.

Kelly Really? But the weather report didn't predict rain for today.
정말요? 하지만 일기예보는 오늘 비가 올 거라고 예상하지 않았어요.

Jeremy I know. But it was drizzling last night. I'm afraid it might rain again later.
알아요. 하지만 어젯밤에 이슬비가 내렸어요. 오후 늦게 다시 비가 올까봐 저는 염려됩니다.

Kelly Then what are we going to do?
그렇다면 우리 뭘 할까요?

Jeremy Well, the concert is indoors, so I guarantee it won't be cancelled.
음, 콘서트는 실내에서 진행돼요, 그래서 취소되지 않을 거라 장담해요.

Kelly Oh, by the way, there's a chance I could be a bit late.
오, 그런데 저는 약간 늦을지도 모르는 가능성이 있어요.

Jeremy How come? 왜요?

Kelly I'm afraid traffic will be bad on the highway.
고속도로에 교통 체증이 심할까봐 염려돼요.

Jeremy OK. Just try to come as fast as possible.
알겠어요. 가능한 한 빨리 올 수 있도록 노력해보세요.

Anders' Practice
Now It's Your Turn!

>> 이제 당신 차례입니다! 앞의 대화에 쓰인 표현을 기억하세요? 아래의 번역 문장을 보고 대화가 완성되도록 빈칸을 채우세요.

Jeremy　Ah, it's finally Friday! Almost time to go home.

Kelly　_____?
　　　　주말을 보낼 계획은 무엇이세요?

Jeremy　I'm attending a concert Saturday afternoon.

Kelly　That sounds nice! Where will you go afterwards?

Jeremy　_____ and have fun with my friends.
　　　　나는 강에 가려고 해요

Kelly　Wow, what a great plan! Would you mind if I join you?

Jeremy　Of course you can join us! _____ there will still
　　　　　　　　　　　　　　　　　　　확신해요
　　　　be some tickets left for the concert.

··· 토요일 아침 ···

이제 네 차례야!

Jeremy　[전화로] Kelly, have you checked today's weather? _____.
　　　　비가 올 것 같아요

Kelly　Really? But the weather report didn't _____ rain for today.
　　　　　　　　　　　　　　　　　　　　　예상하다

Jeremy　I know. But it was _____ last night. I'm afraid
　　　　　　　　　　　　　이슬비가 내렸어요
it might rain again later.

Kelly　Then what are we going to do?

Jeremy　Well, the concert is indoors, so I _____ _____.
　　　　취소되지 않을 거라 장담해요

Kelly　Oh, by the way, _____.
　　　　　　　　　　　저는 약간 늦을지도 모르는 가능성이 있어요

Jeremy　How come?

Kelly　I'm afraid _____ on the highway.
　　　　　　　교통 체증이 심할까봐

Jeremy　OK. Just try to come _____.
　　　　　　　　　　　　　가능한 한 빨리

CHAPTER 09

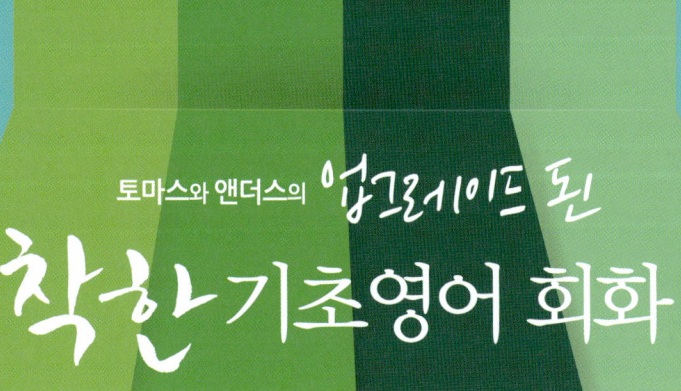

토마스와 앤더스의 업그레이드 된
착한 기초영어 회화
Pure and Simple English UPgrade

	9장에 나오는 어휘들	226
9.1	**Asking for time off** 휴가 요청하기	228
9.2	**Changing or rescheduling plans** 계획을 바꾸거나 일정 조정하기	232
	아홉 번째 BONUS PAGE 부사로 문장 시작하기	236
9.3	**Talking about hunger** 배고픔에 대해 얘기하기	238
9.4	**Offering food** 음식 권하기	242
	• Put It Together! 정리 학습	246
	• Now It's Your Turn! 이제 네 차례야!	248

CHAPTER 09
THIS CHAPTER'S VOCABULARY

>> 이 장에서 학습하게 될 새로운 어휘입니다. 발음을 CD에서 듣고 난 후 따라 읽고 해당 어휘를 암기하세요.

☐	**absence** [ǽbsəns] **absent** [ǽbsənt]	결석 결석한
☐	**allow** [əláu]	~을 허용하다, ~을 허락하다
☐	**anymore** [ènimɔ́ːr]	(not … anymore) 더는 ~ 않다
☐	**available** [əvéiləbl]	시간을 낼 수 있는, 형편이 되는
☐	**contain** [kəntéin]	~을 포함하다
☐	**cook** [kuk]	요리하다
☐	**day off**	(휴가·병가 등으로) 쉬는 날, 비번
☐	**developments** [divéləpmənts]	정세, 상황, (사태의) 진전
☐	**embarrassing** [imbǽrəsiŋ]	귀찮은, 난처하게 하는
☐	**full** [ful]	가득 찬, 배 부른
☐	**growl** [graul]	꼬르륵 소리를 내다
☐	**leftovers** [léftòuvərz]	남은 음식

9장에 나오는 어휘들

- [ ] **lunch break** [lʌ́ntʃ brèik] 점심 시간
- [ ] **postpone** [poustpóun] ~을 연기하다, 미루다
- [ ] **reschedule** [rì:skédʒu:l] ~의 일정을 변경하다
- [ ] **sir** [sə:r] (남자에 대한 경칭 또는 호칭) 님
- [ ] **starving** [stɑ́:rviŋ] 몹시 배가 고픈
- [ ] **stew** [stju:] 스튜 (요리)
- [ ] **stomach** [stʌ́mək] 위, 배
- [ ] **surgery** [sə́:rdʒəri] (외과) 수술
- [ ] **take something off** (특정 기간 동안) 쉬다
- [ ] **taste** [teist] ~을 맛보다
- [ ] **time off** [tàim ɔ́:f] 휴가, 휴식 기간
- [ ] **unavailable** [ʌnəvéiləbl] ~을 만날 수 없는, 부재(不在)의
- [ ] **update** [ʌ́pdeit, ʌpdéit] ~에게 최신 정보를 전하다; ~을 최신의 것으로 하다
- [ ] **vacation** [vekéiʃən] 휴가
- [ ] **wedding** [wédiŋ] 결혼식

Chapter 09
9.1 Asking for time off
휴가 요청하기

I need a day off.
저는 하루를 쉬어야 해요.

I want to take some time off.
저는 당분간 쉬고 싶습니다.

I'd like to take a leave of absence.
저는 휴가를 내고 싶습니다.

UPGRADE

UP 만약 당신이 일을 쉬고 싶다면, 휴가 내는 것을 가장 직접적으로 표현할 때 **day off**를 사용합니다. 그리고 다른 두 표현 **some time off** 와 **a leave of absence**도 사용합니다. 뒤의 것은 좀 복잡한 표현이며, 다른 것보다 좀 더 격식 있는 것처럼 들립니다.

UP 세 개의 다른 동사 **need, want, like**를 사용하여 알릴 수 있습니다. 그 어휘들은 어조에 약간 차이가 있습니다. **I'd like**는 당신이 하는 것을 간절히 원하는 것을 의미합니다. **want**는 좀 더 강렬하게 원하는 것을 표현하며, 요구에 가깝습니다. **need**는 소망이 아니며 좀 더 긴급하게 필요한 것입니다. 그러므로 만약 당신이 상사에게 말하려면 더 강력한 동사를 사용할 때 유의해야 합니다.

VOCABULARY

- **beach** [bi:ʧ] 해변
- **a day off** 월차
- **absence** [ǽbsəns] 결석
- **absent** [ǽbsənt] 결석한
- **allow** [əláu] 허용하다, ~을 인정하다
- **take time off** 쉬어
- **surgery** [sə́:rdʒəri] 외과, 수술
- **vacation** [vekéiʃən] 휴가

A: I need a day off.
저는 하루를 쉬어야 합니다.

B: Why, what's wrong?
왜요, 무슨 일 있어요?

A: I want to take some time off.
저는 당분간 쉬고 싶습니다.

B: I'm sorry, we can't allow that.
미안하지만, 그것을 허락할 수 없어요.

A: Mr. Klein, I'd like to take a leave of absence.
클라인 씨, 저는 휴가를 내고 싶습니다.

B: OK. How long do you think you'll be gone?
알겠어요. 얼마나 오래 동안 휴가 가려고 생각하고 있어요?

absence 결석

Absence(결석)은 무엇인가를 위해 출석하지 않은 것을 나타내는 명사이다. 그 어휘는 형용사 absent(결석한)로 주로 사용된다.

- Mrs. Andrews' absence made the meeting difficult.
앤드루의 부재 때문에 회의가 어렵게 됐다.
- I will be absent from class tomorrow.
나는 내일 수업에 결석할 것입니다.

Examples

- ✓ **I'd like to take a vacation next week.**
  저는 다음주에 휴가 여행을 가고 싶습니다.

- ✓ **I can't allow you to miss work.**
  당신이 일을 쉬는(휴가)것을 허락할 수 없습니다.

- ✓ **How long do you think we'll be waiting?**
  우리가 얼마나 오래 동안 기다리면 될까요?

- ✓ **I had to get surgery, so I took a leave of absence.**
  저는 수술을 받아야 했어요, 그래서 휴가를 냈습니다.

- ✓ **I took a day off because my child was sick.**
  저는 아이가 아파서 하루를 쉬었습니다.

- ✓ **We have an important meeting tomorrow. Please don't be absent.**
  우리는 내일 중요한 회의가 있습니다. 결근하지 마세요.

Thomas' Exercises

Sample 답안 318p

>> 아래의 문장 빈칸에 알맞은 어휘를 채워 넣으세요.

1. I want to take some time _____.

2. I can't _____ you to _____ work.

3. How _____ do you _____ you'll be gone?

4. I'd _____ to _____ a vacation next month.

5. I need to take a leave of _____.

>> 이제 당신의 파트너와 함께, 아래 문장 형식을 사용하여 휴가를 요청해 보세요.

Employee: _____.
  휴가 요청

Boss: Why, what's wrong?

Employee: _____.
  이유, 사유

Boss: _____.
  대답

Chapter 09
9.2 Changing or rescheduling plans
계획을 바꾸거나 일정 조정하기

 The meeting time has changed.
회의 시간이 바뀌었습니다.

 The meeting is rescheduled.
회의가 일정이 변경되었습니다.

 **The meeting has been postponed.**
회의가 연기되었습니다.

- **UP** 첫 번째 문장인 **the ~ time has changed**(~시간이 바뀌었습니다)는 시간이 바뀌었다는 것을 보여줄 때 사용합니다. 현재완료 시제를 사용하여 과거에 발생된 변경 사항을 현재완료 시제를 사용하여 나타내고 있습니다.

- **UP** 동사 **reschedule**(일정을 변경하다)을 사용할 수도 있습니다.

- **UP** 마지막 문장은 첫 번째 문장과 유사한 것으로, 한 가지 중요한 변화가 있습니다. 누군가에 의해 일정이 변경되었다는 것을 나타내기 위해 수동태를 사용하고 있습니다. 시간과 회의는 그들 스스로 변경할 수 있는 힘이 없기 때문에, 우리는 그것들에 대해 말할 때 수동태를 자주 사용합니다.

VOCABULARY

- □ **available** [əvéiləbl] 이용할 수 있는, 유용한
- □ **contain** [kəntéin] ~을 포함하다
- □ **developments** [divéləpmənt] 발달
- □ **postpone** [poustpóun] ~을 뒤로 미루다
- □ **reschedule** [rìːskédʒuːl] 예정을 다시 세우다
- □ **unavailable** [ə̀nəveiˈləbəl] 이용할 수 없는
- □ **update / keep someone updated**
  개선하다, 최신 정보를 주다
- □ **wedding** [wédiŋ] 결혼식

A: The meeting time has changed.
회의 시간이 변경되었습니다.

B: Then, when should we meet?
그럼, 우리 언제 만나나요?

A: The meeting is rescheduled for Thursday.
회의가 목요일로 일정 변경되었습니다.

B: I don't think I'm available then.
제가 그때 형편이 되는지 잘 모르겠습니다.

A: The meeting has been postponed.
회의가 연기되었습니다.

B: Please keep me updated about any developments.
상황 변화에 대해 제게 최신 정보를 알려 주시기 바랍니다.

available 시간을 낼 수 있는

available은 사용이 가능하거나 획득이 가능한 것을 보여줄 때 주로 사용합니다. 예를 들어 **Tickets are available at the ticket counter**.(표는 매표소에서 구매 가능합니다.) 그러나 다른 사람의 가능성에 대해 논의할 때도 사용 가능합니다. 특정 시간대에 바쁘지 않다는 것을 보여 줄 때도 사용 가능합니다. **I'll be available after 6 p.m.**(저는 오후 6시 이후에는 시간을 낼 수 있습니다). 이와 같은 상황에 형용사 **free**를 사용할 수도 있습니다.

- I'll be free to meet after 6 p.m.
  저는 오후 6시 이후에(만나는 것이) 자유롭습니다.

Examples

- ✓ **The plan for tonight has changed.**
  오늘 밤의 계획이 변경되었습니다.

- ✓ **The couple decided to postpone their wedding.**
  그 커플은 결혼식을 연기하기로 결정했다.

- ✓ **Please read this report. It contains all the new developments.**
  이 보고서를 읽어보세요. 거기에는 새로운 정세가 모두 담겨 있습니다.

- ✓ **I need to update my phone. It's too slow.**
  나는 전화기를 최신형으로 바꿔야 해. 내것은 너무 느려.

- ✓ **Can we reschedule our meeting from this week to next week?**
  회의 일정을 이번 주에서 다음주로 변경할 수 있을까요?

- ✓ **Mr. Peterson is unavailable now. Would you like to leave a message?**
  피터슨 씨는 지금 여기 계시지 않습니다. 메시지를 남기시겠습니까?

Thomas' Exercises

💬 Sample 답안 319p

>> 아래의 각각의 상황에 맞게 안건을 설명하는 문장을 만드세요.

1. Meeting: Tuesday ⇨ Friday

   _____.

2. Dinner time: 7 p.m. ⇨ 8:30 p.m.

   _____.

3. Wedding: April ⇨ June

   _____.

4. Flight time: 18:15 ⇨ 18:45

   _____.

Starting Sentence with Adverbs

>> 이 책에서 말하는 모든 **upgrading**의 특징은 중립적인 문장임에도 불구하고 종종 감정을 표현하는 것이 많습니다. 문장 도입부에 **sentence adverbs**(문장 부사)를 사용하는 것이 가장 좋은 방법 중의 하나입니다. 이런 부사는 문장을 연결시키고 듣는 사람에게 당신의 기분을 드러내는 것이며, 다음에 오는 문장에 대해 약간의 기대치를 가지게 됩니다.

1 However 그렇지만

I have another appointment tonight. However, I can meet you tomorrow.
저는 오늘 밤에 다른 약속이 있습니다. 그렇지만 내일은 당신을 만날 수 있습니다.

2 Therefore 그러므로

I caught a cold. Therefore, I can't come to work.
저는 감기에 걸렸습니다. 그러므로 저는 일하러 갈 수 없습니다.

3 Fortunately / Unfortunately 운 좋게도/불운하게도

I lost my keys this morning. Fortunately, I found them in my handbag.
저는 오늘 아침에 열쇠를 잃어버렸습니다. 운 좋게, 제 핸드백 안에서 열쇠를 찾았습니다.

4 Sometimes 때때로, 이따금

Sometimes, I like to bake my own bread at home.
때때로 나는 먹을 빵을 집에서 굽는 것을 좋아합니다.

5 Honestly /To tell you the truth / Frankly speaking
정직하게 말하면/ 사실대로 말하자면/솔직히 말해서

To tell you the truth, that dress doesn't look good on you.
사실대로 말하자면, 그 드레스는 네게 안 어울려.

부사로 문장 시작하기

Sample 답안 320p

>> 아래의 어휘가 들어갈 가장 알맞은 위치를 찾아 빈칸을 채우세요.

unfortunately [ənfɔ́ːrtʃənətli] 불운하게도	**hopefully** [hóupfəli] 바라건대
however [hauévər] 그러나	**surprisingly** [sərpráiziŋli] 놀랍게도
therefore [ðέərfɔ̀ːr] 그러므로	**sometimes** [sʌ́mtàimz] 때때로

When I was 10 years old, I was playing soccer with my friends.

It started well. (1)_____, it ended poorly.

I hurt my leg. (2) _____, I had to go to the hospital.

(3) "_____, it doesn't look good. I think you need surgery," the doctor told me.

(4) _____, the surgery didn't hurt at all. The doctors did a great job.

Now, I am fully recovered. (5) _____, I still feel a little pain, but it doesn't bother me.

(6) _____, I will never have an injury like that again.

Chapter 09 9.3 Talking about hunger
배고픔에 대해 얘기하기

 I'm hungry.
저는 배가 고파요.

 I'm starving.
저는 배가 고파 죽을 것 같아요.

 **I'm so hungry I could eat a horse.**
저는 너무 배가 고파서 말 한 마리라도 먹을 수 있어요.

- **UP** 배고픔을 표현하기 위해 세 개의 어휘가 필요합니다. **I am hungry.**(저는 배가 고파요.)

- **UP** **hungry**라는 어휘를 다른 형용사인 **starving**으로 바꿔쓸 수 있습니다. 동사인 **starve**는 식량 부족 등으로 죽어 가고 있다는 것을 의미하고, 비록 과장된 표현일지라도 심한 배고픔을 강조합니다.

- **UP** 마지막 표현은 좀 더 과장된 것입니다. **I'm so hungry I could eat a horse.**(나는 너무 배가 고파서 말 한 마리라도 다 먹을 수 있을 것 같아요.) 왜 말일까요? 음, 특별한 이유는 없습니다만 얼마나 간절히 음식을 먹기를 바라는지를 보여주는 동물로서 사람들의 공감이 형성된 걸로 보입니다.

VOCABULARY

- **embarrassing** [imbǽrəsiŋ] 귀찮은, 난처하게 하는
- **library** [láibrèri] 도서관
- **starve** [stɑːrv] 굶어 죽다
- **growl** [graul] 꼬르륵 소리
- **lunch break** 점심시간
- **stomach** [stʌ́mək] 위, 배, 식욕
- **hunger** [hʌ́ŋɡər] 배고픔

A: I'm hungry.
저는 배가 고파요.

B: Then, let's have dinner early today.
그럼, 오늘은 일찍 저녁 식사를 하자.

A: I'm starving.
저는 배가 고파 죽겠어요.

B: Yeah, I can hear your stomach growling.
그래, 네 배 속에서 꼬르륵거리는 소리가 들리네.

A: I'm so hungry I could eat a horse!
저는 너무 배가 고파서 말 한 마리라도 먹을 수 있을 것 같아요!

B: Me too. I wish our lunch break would come soon.
나도 그래요. 나는 점심 시간이 빨리 왔으면 좋겠어요.

hope and wish 희망하다 그리고 소망하다.

많은 학생들은 hope 그리고 wish 두 동사를 혼동합니다. Hope은 무엇인가 실제로 발생할 것에 대한 표현이고, wish는 환상이나 꿈과 같은 가설의 상황에 대해 말할 때, 일어나지 않을 것 같은 것을 바랄 때 사용합니다. 대화문 3번에서 화자가 말합니다. **I wish our lunch break would come soon.**(나는 점심 시간이 곧 왔으면 좋겠어요.) 사람들은 점심시간이 곧 오지 않는다는 것을 알고 있기 때문에... 그들의 바람이라고 합니다.

- **I hope you have a happy birthday.**
  저는 당신이 행복한 생일을 갖게 되길 바랍니다.(발생할 것입니다.)
- **I wish my birthday would come faster.**
  저는 제 생일이 좀 더 빨리 왔으면 좋겠습니다.(현실에서 발생하지 않을 것입니다.)

Examples

- What's for dinner? I'm starving!
  저녁 식사 메뉴가 뭐야? 난 배가 고파 죽겠어!

- I wish the holidays would come soon.
  저는 연휴가 빨리 왔으면 좋겠어요.

- Let's finish work early tonight.
  오늘 밤에는 일을 일찍 마치자.

- I've been working for 10 hours straight. I'm so hungry I could eat a horse!
  저는 10시간 동안 쉬지 않고 일했습니다. 배가 너무 고파서 말 한 마리라도 다 먹을 수 있을 것 같아요!

- I hope we can eat dinner early tonight.
  저는 오늘 저녁에 일찍 저녁 식사하기를 바랍니다.

- My stomach started growling in the library. It was so embarrassing!
  도서관에 있을 때 내 배가 꼬르륵거리기 시작했어. 매우 난처했어!

Thomas' Exercises

💬 Sample 답안 321p

>> 아래의 어휘를 사용하여 문장을 작성하세요. 아래의 어휘를 올바르게 포함하기만 하면 여러분이 원하는 문장을 무엇이든 만들 수 있습니다.

1. starving

   _____.

2. I could eat a horse

   _____.

3. holidays

   _____.

4. growling

   _____.

5. embarrassing

   _____.

Chapter 09
9.4 Offering food
음식 권하기

 Try this.
이것 먹어보세요.

 Have some of this.
이것 좀 드셔요.

 **Would you like to taste this?**
이것 맛을 보시겠어요?

UP 어떤 음식이 보여 먹고 싶다면 맛 보라고 권할 때 **try** 동사를 사용합니다. 음식이나 음료수 모두 가능합니다. **Try this skin cream.**(이 스킨 크림을 발라 보세요.) 또는 **Try these headphones.**(이 헤드폰을 사용해 보세요.)와 같이 어떤 물건에도 사용할 수 있습니다.

UP **try**라는 동사 대신에 **have** 동사도 사용할 수 있습니다. 이 문장의 목적어 **some of this**는 준비했거나 먹으려고 하는 음식을 의미합니다.

UP 마지막 문장은 무엇인가를 제안하는 가장 공손한 방법으로서 **Would you like to ~ ?**(~하시겠어요?)를 사용하는 것입니다. 이것은 전에(제 2 장에서) 문장에서 사용된 걸 학습했었지만 이번에는 질문 형태로 사용했습니다.

UP 무엇인가를 **taste**(맛보다)하는 방법으로 말하기도 하고(맛있습니다), 어떤 음식을 먹어 보라는 것을 표현하기 위해 **taste**도 사용합니다. 맛을 묘사하기 위해 무엇인가를 **taste**(맛이 ~하다)하는 방법으로 말하기도 합니다. **It tastes good.**(맛있습니다.)

VOCABULARY

- ☐ **cooking** [kúkiŋ] 요리, 요리법
- ☐ **full** [ful] 차다, 넉넉하게 하다
- ☐ **taste** (v) [teist] 맛보다
- ☐ **stew** [stju:] 끓다
- ☐ **offering** [ɔ́:fəriŋ] 제공된 (내놓는) 것
- ☐ **headphones** [hedfounz] 헤드폰

A: **Try this.**
이것 드셔 보세요.

B: **Oh, thank you.**
아, 감사합니다.

A: **Have some of this. I just baked it.**
이것 좀 드세요. 제가 갓 구웠습니다.

B: **Mmm, it smells delicious.**
음, 매우 맛있는 냄새가 나요.

A: **Would you like to taste this?**
이것 맛을 보시겠어요?

B: **No thanks, I'm full.**
감사하지만 사양하겠습니다. 저는 배가 부릅니다.

I'm full.
저는 배가 부릅니다.

I'm hungry.라고 말하는 것에 대하여 학습했습니다. 다 먹었을 때는 어떻게 할까요? 더 이상 먹을 수 없을 때, I'm full.(저는 배 부릅니다.)라고 말합니다. 음... '배불러요'를 My stomach is full.이라고 번역하지 않는다는 것을 기억하세요.

Examples

- Try this pie. I baked it myself.
  이 파이를 드셔 보세요. 제가 직접 구웠습니다.

- Wow, the kitchen smells delicious. What are you cooking?
  와우, 부엌에서 매우 맛있는 냄새가 납니다. 무엇을 요리하고 계세요?

- Try some of my soup. It's pretty good!
  제가 만든 수프를 좀 드셔 보세요. 매우 맛있어요!

- I can't eat anymore. I'm totally full.
  저는 더는 먹을 수 없습니다. 저는 완전 배불러요.

- Would you like to taste my pasta? I have some leftovers.
  제가 만든 파스타를 맛 보시겠어요? 남은 것이 좀 있습니다.

- Hey, could you taste this stew, please? Does it need more salt?
  이봐요, 이 스튜를 맛 보시겠어요? 소금이 좀 더 필요해요?

Thomas' Exercises

💬 Sample 답안 322p

>> 엄마는 하루 종일 요리하셨고 엄마의 음식을 맛보길 원하십니다. 엄마가 할 수 있는 말을 요리 아래에 채워 넣으세요.

1.

2.

3.

4.

Anders' Practice
Put It Together!

>> Rosa는 Goldstein 사장님께 내일 하루 휴가를 요청하기 위해 사장실로 갑니다. 그러나 기대했던 것처럼 얘기가 진행되지는 않습니다. 다행히, 그녀의 동료 Phillip에게 도움을 구합니다.

Rosa Sir, I'd like to take some time off tomorrow. I have a doctor's appointment.
사장님, 저는 내일 휴가를 내고 싶습니다. 저는 내일 의사 선생님과 진료 예약이 있습니다.

Mr. Goldstein But I need you to finish that sales report. Therefore, I'm afraid I can't allow it. Can't you reschedule your appointment?
하지만 판매 보고서가 마무리되어야 합니다. 그래서 허락하기가 어려울 것 같습니다. 진료 예약 일정을 변경할 수 없습니까?

Rosa I don't think it's possible. However, I could work overtime and finish the report tonight.
가능할 것 같지 않습니다. 하지만, 제가 야근하고 보고서를 오늘 밤까지 마무리하도록 하겠습니다.

Mr. Goldstein OK, if you finish the report tonight, you can have a day off tomorrow.
알겠습니다, 오늘 밤까지 보고서를 마무리하신다면 내일 쉬셔도 좋습니다.

… 늦은 저녁, Rosa는 동료 Phillip과 함께 사무실에 있습니다. …

정리 학습

Phillip What's that sound?
저 소리는 뭐지?

Rosa Oh, sorry. My stomach is growling.
아, 미안해. 내 배가 꼬르륵거리네.

Phillip You must be starving! Why don't you have dinner?
너 배가 무척 고프구나! 저녁 식사 하는 것 어때?

Rosa I can't. I need to finish this report tonight. But I'm so hungry I could eat a horse!
못해. 나는 오늘 밤 이 보고서를 마무리해야 하거든. 하지만 나는 배가 너무 고파서 말 한 마리도 다 먹을 수 있을 것 같아!

Phillip Would you like some of this?
이거라도 좀 먹을래?

Rosa What is it?
그게 뭐야?

Phillip It's just a salad. I made it myself.
그냥 샐러드야. 내가 직접 만들었어.

Rosa No, I can't eat your food. You have it.
아니야, 네 음식을 먹을 수는 없어. 네가 먹어.

Phillip It's no problem. I'm full, so I can't eat it. Please, have some.
괜찮아. 나는 배 불러, 그래서 먹을 수가 없어. 좀 먹어.

Rosa Thanks, Phil. It smells delicious!
고마워, 필. 아주 맛있는 냄새가 나네!

Anders' Practice
Now It's Your Turn!

>> 이제 당신 차례입니다! 앞의 대화에 쓰인 표현을 기억하세요? 아래의 번역 문장을 보고 대화가 완성되도록 빈칸을 채우세요.

Rosa Sir, I'd like to _____
　　　　　　　　　　　　　　　　내일 휴가를 내고
I have a doctor's appointment.

Mr. Goldstein But I need you to finish that sales report.
_____, I'm afraid _____.
　그래서　　　　　　　　　　　　허락하기가
Can't you _____ your appointment?
　　　　　　　　변경

Rosa I don't think it's possible. _____, I could
　　　　　　　　　　　　　　　　　　　　하지만
work overtime and finish the report tonight.

Mr. Goldstein OK, if you finish the report tonight, you can
_____ tomorrow.
　　쉬어도

… 늦은 저녁, Rosa는 동료 Phillip과 함께 사무실에 있습니다. …

이제 네 차례야!

Phillip What's that sound?

Rosa Oh, sorry. _____.
　　　　　　　　　내 배가 꼬르륵거리네

Phillip You must be _____! Why don't
　　　　　　　　　　　　　무척 배고프구나
you have dinner?

Rosa I can't. I need to finish this report tonight.
But _____!
　　말 한 마리도 다 먹을 수 있을 것 같아

Phillip _____?
　　　　　　　　　이거라도 좀 먹을래?

Rosa What is it?

Phillip It's just a salad. _____.
　　　　　　　　　　　　　　　내가 직접 만들었어

Rosa No, I can't eat your food. You have it.

Phillip It's no problem. I'm _____, so I can't eat it.
　　　　　　　　　　　　　　　배 불러
Please, have some.

Rosa: Thanks, Phil. _____!
　　　　　　　　　　　매우 맛있는 냄새가 나네!

CHAPTER 10

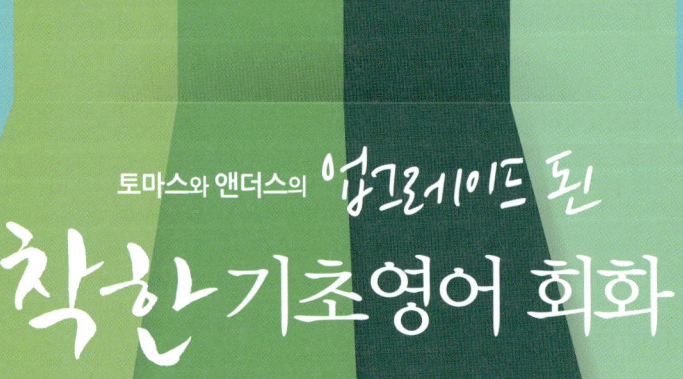

토마스와 앤더스의 업그레이드 된
착한 기초영어 회화

Pure and Simple English UPgrade

	10장에 나오는 어휘들	252
10.1	**Describing something old or worn-out** 오래된 것이나 낡은 것 설명하기	254
10.2	**Making recommendations/Giving advice** 추천하기 / 조언하기	258
	열 번째 BONUS PAGE 업그레이드된 어휘	262
10.3	**Complaining/Expressing disbelief** 불평하기 / 믿을 수 없음을 표현하기	264
10.4	**Expressing tiredness** 피곤함 표현하기	268
	• Put It Together! 정리 학습	272
	• Now It's Your Turn! 이제 네 차례야!	274

CHAPTER 10

THIS CHAPTER'S VOCABULARY

>> 이 장에서 학습하게 될 새로운 어휘입니다. 발음을 **CD**에서 듣고 난 후 따라 읽고 해당 어휘를 암기하세요.

☐	**advise** [ədváiz]	~에게 조언하다, 충고하다
☐	**awake** [əwéik]	깨어 있는, 잠을 안 자고 있는
☐	**barely** [béərli]	거의 ~ 않아
☐	**boring** [bɔ́ːriŋ]	지루하게 하는
☐	**break** [breik]	휴식, 쉬는 시간
☐	**carpet** [kάːrpit]	카펫, 양탄자(천)
☐	**cheat** [tʃiːt]	부정행위를 하다, 속임수를 쓰다
☐	**Chrístmas Eve** [krísməs íːv]	크리스마스 이브(12월 24일)
☐	**drowsy** [dráuzi]	졸리는, 잠이 오는
☐	**favorite** [féivərit]	가장 좋아하는
☐	**frying pan** [fráiŋ pǽn]	프라이 팬
☐	**have seen better days**	더 좋은 때도 있었다, 지금은 형편없어졌다
☐	**insane** [inséin]	미친, 정신이 나간
☐	**insult** [insʌ́lt]	~을 모욕하다,
☐	**lately** [léitli]	최근에

10장에 나오는 어휘들

- ☐ **make sense** — (글, 말 등이) 뜻이 통하다, 이해가 되다
- ☐ **neighborhood** [néibərhùd] — 근처, 지역, 동네
- ☐ **nonsense** [nánsens] — 말도 안 되는 소리, 터무니 없는 생각, 난센스
- ☐ **quit** [kwit] — ~을 그만두다
- ☐ **recommend** [rèkəménd] — ~을 추천하다, ~을 권하다
- ☐ **ridiculous** [ridíkjuləs] — 터무니없는, 말도 안 되는, 우스꽝스러운
- ☐ **rumor** [rú:mər] — 소문, 풍문
- ☐ **shabby** [ʃǽbi] — 초라한, 남루한
- ☐ **share** [ʃɛər] — ~을 같이 쓰다, 나눠 쓰다
- ☐ **stay** [stei] — 머무르다, 계속 ~인 상태이다
- ☐ **steal** [sti:l] — ~을 훔치다, 도둑질하다, 싸게 사다
- ☐ **take a nap** — 낮잠을 자다
- ☐ **teenager** [tí:nèidʒər] — 십대(만 13~19세 사이의 청소년)
- ☐ **terrible** [térəbl] — 형편없는, 엉망의; 기분이나 몸 상태가 안 좋은
- ☐ **worse for wear** — (사물이) 상태가 좋지 않은
- ☐ **weird** [wiərd] — 기이한, 괴상한
- ☐ **worn out** — (옷소매·타이어 등이) 닳아빠진, 너덜너덜한
- ☐ **used to** [jú:stə] — 전에는 ~였다, 전에는 ~하곤 했다

Chapter 10

10.1 Describing something old or worn-out
오래된 것이나 낡은 것 설명하기

 It's really old.
그건 정말 오래되었다.

 It's seen better days.
그건 꽤 낡아 보인다.

 **It's a little worse for wear.**
그건 약간 상태가 좋지 않다.

UPGRADE

UP 건물, 옷감, 기계 기타 등등 오래되고 소모된 것을 설명할 때, **old**라고 말합니다. 그러나 **old**는 낡은 상태를 말하는 것으로 약간 무례할 수 있기 때문에 좀 더 정확한 형용사로 **worn out**(닳아빠진), **run-down**(황폐한) 또는 심지어 **shabby**(허름한)를 사용할 수 있습니다.

UP 다음 두 관용어구를 사용함으로써 영어 실력을 업그레이드할 수 있습니다. 첫 번째는 **have seen better days**(더 좋은 때도 있었다)입니다. 과거에 그 물건이 더 좋아보였다는 의미로 현재의 상태는 매우 좋지 않게 된 것을 함축하고 있습니다.

UP 두 번째로 **worse for wear**(상태가 좋지 않은) 또한 그 물건이 **wear and tear**(오랜 시간 사용에 의한 마모)한 걸로 보여지므로 좋지 못한 상태를 의미합니다.

VOCABULARY

- ☐ **carpet** [káːrpit] 카페트, 양탄자(천)
- ☐ **frying pan** 후라이 팬
- ☐ **seen better days** 더 좋은 날들도 있었다
- ☐ **shabby** [ʃǽbi] 오래 입어서 낡은, 비천한
- ☐ **stay** [stei] 머무르다
- ☐ **weird** [wiərd] 기묘한, 섬뜩한
- ☐ **worn out** 써서 낡은, 녹초가된
- ☐ **worse for wear** 낡은, 지쳐버린, 닳은
- ☐ **used to** ~에 익숙하다

A: I don't like this room.
저는 이 방이 싫습니다.

B: Yeah, it's really old.
그건 정말 오래되었습니다.

A: This room seems weird.
이 방은 이상해 보여요.

B: It's definitely seen better days.
그건 분명히 꽤 낡은 것처럼 보여요.

A: I don't think we can stay in this room.
우리는 이 방에 머무를 수 없을 것 같아요.

B: You're right. It's a little worse for wear.
당신 말이 맞아요. 그건 약간 상태가 좋지 않아요.

seem / feel / look
보이다 / 느끼다 / 보이다

경험한 어떤 것을 묘사하는 데 사용하는 다음 동사들의 차이점을 살펴보세요.

- **look**: (보이다) 외형/외모에 근거
- **feel**: (느끼다) 그 순간의 감정에 근거
- **seem**: (보이다) 전체적인 인상에 근거

Examples

- ✓ **Your phone is really old. Why don't you buy a new one?**
  당신의 전화기는 정말 오래되었어요. 새 것을 사는 건 어때요?

- ✓ **She's not as pretty as she used to be. She's seen better days.**
  그 여자는 예전보다 예쁘지는 않아요. 더 예쁘던 때도 있었어요.

- ✓ **This frying pan is a little worse for wear, but you can still use it.**
  이 프라이팬은 약간 상태가 좋지 않은 것 같은데 여전히 사용할 수 있네요.

- ✓ **The TV is weird right now. I don't think we can watch it.**
  TV가 지금 이상해. 우린 그 프로를 볼 수 없을 것 같아.

- ✓ **I don't like this shirt. Do you have another one?**
  나는 이 셔츠가 싫어요. 다른 것 있어요?

- ✓ **This carpet looks so shabby. It's become quite worn out.**
  이 카펫은 너무 남루해 보여요. 그건 상당히 닳아빠졌어요.

Thomas' Exercises

💬 Sample 답안 323p

>> 사물을 보고 학습한 어휘를 사용하여 아래 문장의 빈칸을 완성하세요. 마지막 예문은 여러분이 선택한 낡은 물건에 대한 그림을 그리고 문장을 만드세요.

1. This _____ is _____ .

2. This _____ is _____ .

3. This _____ .

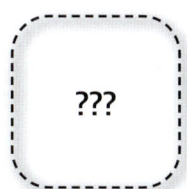

4. This _____ .

Chapter 10
10.2 Making recommendations / Giving advice
추천하기 / 조언하기

 I recommend this CD.
저는 이 CD를 추천합니다.

 You should listen to this CD.
당신은 이 CD를 들어보시는 것이 좋을 것 같아요.

 **I'd advise you to listen to this CD.**
당신께 이 CD를 들어보라고 조언하고 싶어요.

- **UP** Recommend는 책, 밴드, 영화를 추천하거나 또는 행동에 대한 조언을 할 때 사용하는 동사입니다.

- **UP** 2.2 장 그리고 4.2 장에서 이미 학습한 should는 격려하거나 또는 특정 행동을 금지하는 것이며, 무엇인가를 추천할 때에도 사용됩니다.

- **UP** 마지막 문장에서 사람들이 무엇인가 해야 하는 것을 조언하는 것으로, advice[ædváis] 명사에서 advise[ædváiz] 동사로 변경했습니다. 이런 문장 구조는 to 부정사 형태(to listen)와 함께 쓰입니다.

VOCABULARY

- ☐ **advise** [ædváiz] 충고하다
- ☐ **favorite** [féivərit] 마음에 드는
- ☐ **neighborhood** [néibərhùd] 근처, 인근 동네
- ☐ **recommend** [rèkəménd] 추천하다, ~을 권하다
- ☐ **share** [ʃɛər] ~을 나누다, 몫, ~공유하다
- ☐ **teenager** [tíːnèidʒər] 십대, 청소년
- ☐ **terrible** [térəbl] 무서운, 지독한
- ☐ **recommendations** [rèkəməndéiʃəns] 추천

A: **What should I listen to?**
어떤 것을 듣는 것이 좋을까요?

B: **I recommend this one.**
저는 이것을 추천해요.

A: **What's your favorite CD?**
당신이 가장 좋아하는 CD는 무엇입니까?

B: **You should listen to this one. It's my favorite.**
이것을 들어보는 것이 좋겠어요. 제가 가장 좋아하는 것이에요.

A: **Could you recommend some good music?**
좋은 음악을 좀 추천해 주시겠어요?

B: **I'd advise you to listen to this CD.**
저는 이 CD를 한번 들어보시라고 조언하고 싶어요.

hear / listen to 듣다/ 경청하다

Hear와 listen to의 차이점은 hear의 경우 우연히 어떤 소리를 들을 때 사용하는 것이고, 반면에 listen to는 음악과 같은 것을 집중해서 경청할 때 사용합니다.

See와 watch의 경우도 같습니다. See의 경우 우연히 눈으로 어떠한 것을 볼 때 사용하고, watch의 경우 영화 감상처럼 집중해서 지속적으로 관찰할 때 사용합니다.

Examples

- **I advise you not to order this dish. It tastes terrible!**
  이 요리는 주문하지 마시기를 조언합니다. 맛이 형편없어요!

- **Could you recommend a good restaurant in this neighborhood?**
  이 근처에 잘하는 식당을 추천해 주시겠습니까?

- **You should watch this movie if you haven't seen it yet.**
  이 영화 아직 안 보셨다면 관람해보시는 것이 좋겠어요.

- **This is my favorite dress. I've had it since I was a teenager.**
  이것은 내가 가장 좋아하는 옷이에요. 십대 때부터 지금까지 입었습니다.

- **This is my favorite book. I want to share it with you.**
  이것은 제가 가장 좋아하는 책입니다. 그 책을 당신과 나눠 읽고 싶습니다.

- **What should I wear today? Do you have any recommendations?**
  제가 오늘은 무슨 옷을 입으면 좋겠어요? 추천 좀 해주시겠어요?

Thomas' Exercises

Sample 답안 324p

>> 사람들이 무엇을 추천하고 있습니까? 그림을 참고하여 각각의 사람들이 추천하는 문장을 만드세요.

1. **read this book**
   이 책 읽기

2. **save your money**
   돈을 저축하기

3. **try this cake**
   이 케이크 먹어보기

4. **buy some new shoes**
   새 신발 사기

>> 이제 ... 당신 차례입니다! 다른 학생들에게 당신이 좋아하는 것을 추천해보세요.

Vocabulary UPgrade

>> 학습한 새로운 어휘를 활용하여 아래의 문장을 업그레이드하세요.

1 When I meet new people, I feel _____ .
저는 낯선 사람을 만났을 때, _____ 느낍니다.

shy [ʃai]
부끄럼 타는

timid [tímid]
소심한

self-conscious
[sélfkɑ́nʃəs] 남의 시선을 의식하는

---

2 I just finished my workout. I'm _____ .
저는 방금 운동을 끝냈습니다. 저는 _____ 합니다.

tired [taiərd]
피곤한

fatigued [fətí:gd]
극도로 지친

exhausted
[igzɔ́:stid] 기진맥진한

---

3 I don't feel well. I'm _____ .
저는 몸 상태가 좋지 않습니다. 저는 _____ 합니다.

sick [sik]
아픈

ill [il]
병이 든

under the weather
[wéðər] 몸 컨디션이 좋지 않은

업그레이드된 어휘

💬 Sample 답안 325p

1 Eugene didn't come to work today. He's under the weather.

유진이 오늘 출근하지 않았어. 그는 컨디션이 안 좋은가봐.

2 I feel timid when I have to speak in public.

나는 사람들 앞에서 말해야 할 때 소심해져.

3 Are you feeling all right? You look a bit fatigued.

너 괜찮아? 넌 약간 극도로 지쳐 보여.

>> 이제 당신 차례입니다! 학습한 어휘를 사용하여 아래의 밑줄 친 부분을 업그레이드하세요.

1 I didn't sleep until 3 a.m. I feel so <u>tired</u> today.

나는 새벽 3시까지 잠들지 못했어. 나는 오늘 너무 피곤해.

_____

2 I'm feeling a bit <u>sick</u>. Is it OK if I leave work early?

저는 약간 아픈 것 같아요. 제가 오늘 좀 일찍 퇴근해도 괜찮을까요?

_____

3 Please don't record me when I sing. It makes me <u>shy</u>.

제가 노래할 때 녹음하지 마세요. 그러면 제가 부끄러워져요.

_____

Chapter 10
10.3 Complaining / Expressing disbelief
불평하기 / 믿을 수 없음을 표현하기

 That's nonsense.
그건 말도 안 돼요.

 That doesn't make any sense!
그건 이해가 안 돼요!

 **That's the craziest thing I've ever heard!**
그건 내가 들어본 것 중에 가장 정신 나간 것이네요!

UPGRADE

- **UP** 명사 **nonsense**는 **no sense**인 상황을 설명합니다.

- **UP** 두 번째 문장도 정확한 표현입니다. **That doesn't make any sense.**(그건 이해가 안 돼요). 이런 경우에 **sense**는 합리적이고 현실적인 온전한 상황을 의미합니다.

- **UP** 마지막 문장은 좀 더 불신하는 것을 의미합니다. **That's the craziest thing I've ever heard.**(내가 들은 것 중에서 가장 정신나간 것이야.) 과장된 표현이기도 합니다만 화자의 놀람을 나타냅니다.

VOCABULARY

- **cheat** [tʃiːt] 속임수, 속이다, 부정행위
- **insane** [inséin] 미친, 어리석은
- **nonsense** [nánsens] 터무니없는 것, 터무니없는
- **ridiculous** [ridíkjuləs] 우스운, 어리석은
- **quit** [kwit] 그만두다, 떠나다
- **insult** [insʌ́lt] 모욕하다, 공격하다
- **make sense** (글, 말 등이) 뜻이 통하다, 이해가 되다
- **rumors** [rúːmər] 소문
- **steal** [stiːl] ~을 훔치다, 도둑질하다, 싸게 사다
- **disbelief** [dìsbilíːf] 불신, 믿지않기

A: Did you steal my money?
너 내 돈을 훔쳤지?

B: No! That's nonsense.
아니요! 그건 말도 안 돼요.

A: There are some rumors that you cheated on your test.
네가 시험에서 부정행위를 했다는 소문이 있어.

B: That doesn't make any sense! I'm a good student.
그건 이해가 안 돼요! 저는 착한 학생입니다.

A: Tina says you insulted her.
티나는 당신이 그녀를 모욕했다고 하더군요.

B: That's the craziest thing I've ever heard!
그건 내가 들어본 것 중에서 가장 정신 나간 소리입니다!

There are some rumors that ~
~ 라는 소문이 있습니다

rumor(소문)는 입증되지 않은 이야기이거나 주변에 퍼져있는 소식들의 일부입니다.

- I've heard rumors that Susan and Harry are dating.
  저는 수잔과 해리가 사귀고 있다는 소문을 들었어요.

Examples

- ✓ You think I cheated? That's nonsense!
  년 내가 부정행위를 했다고 생각해? 그건 말도 안 돼!

- ✓ Your idea doesn't make any sense.
  당신의 생각은 이해가 안 됩니다.

- ✓ I heard a rumor that our boss will quit.
  우리 팀장이 그만둘 거라는 소문을 들었어.

- ✓ Why would I insult you? That doesn't make any sense!
  내가 너를 왜 굳이 모욕해? 그건 말도 안 된다!

- ✓ That's insane! It's the silliest thing I've ever heard.
  그건 미쳤어! 내가 들어 본 것 중에 가장 멍청한 소리야.

- ✓ That's the most ridiculous thing I've ever seen!
  그건 내가 지금까지 본 것 중에 제일 우스꽝스러운 일이야.

Thomas' Exercises

Sample 답안 326p

>> 다음 표현에 알맞은 영어 단어를 쓰세요.

1. 온전한 것, 합리적인 또는 현실적인: _____.

2. 말도 안 되는 행동이나 진술: _____.

3. 다른 사람에 대해 비열하게 말하는 것: _____.

4. 사적인 이득을 위해 부정직하게 행동하거나 규칙을 어기는 것 :
   _____.

5. 주변에 퍼지고 있는 입증되지 않은 정보: _____.

6. 이성이 없고 미친 것: _____.

Chapter 10

10.4 Expressing tiredness
피곤함 표현하기

 I'm so tired.
저는 매우 피곤해요.

 I can barely stay awake.
저는 깨어 있기조차도 힘들어요.

 **I've been feeling drowsy lately.**
저는 최근에 계속 졸려요.

UP tired라는 형용사는 힘이 없고 휴식이 필요할 때 말하기 위해 사용합니다.

UP 대놓고 tired라고 말하는 것보다는 **I can barely stay awake.**(나는 깨어 있기조차도 힘들어요.)라고 말하며 피곤함을 암시할 수도 있습니다. **barely**는 '거의 ~하지 않아'라는 의미입니다. 잠들기 직전의 상황을 나타내기 위해 **I can't stay awake.**(저는 깨어 있을 수 없어요.)라고 확정적으로 말하는 것을 대체하여 쓸 수 있습니다.

UP 마지막으로 **drowsy**라는 형용사는 졸리거나 무기력함을 느낄 때 사용합니다. **lately**라고 사용하는 것에 유의하시고 이것은 말하는 사람의 현재 기분을 나타내며, 최근 며칠 또는 몇 주간의 기간을 의미합니다.

VOCABULARY

- ☐ **awake** [əwéik] 깨우다
- ☐ **barely** [bɛ́ərli] 거의 .... 않다
- ☐ **a break** [breik] 쉬는 시간
- ☐ **Christmas Eve** [krísməs i:v] 크리스마스 이브
- ☐ **drowsy** [dráuzi] 졸리는
- ☐ **lately** [léitli] 최근에
- ☐ **take a nap** 낮잠을 자다

A: I'm so tired.
저는 매우 피곤해요.

B: Yeah, you look terrible.
네, 당신은 안색이 안 좋아 보여요.

A: I can barely stay awake.
저는 깨어있기조차도 힘들어요.

B: Why don't you take a nap?
낮잠 주무시는 것은 어때요?

A: I've been feeling drowsy lately.
저는 최근에 계속 졸려요.

B: I think you've been working too hard. You need a break.
당신은 너무 열심히 일을 한 것 같아요. 당신은 휴식이 필요해요.

sleepy and tired
졸린 그리고 피곤한

두 어휘 사이에 미묘한 차이가 있습니다. **sleepy**는 잠을 자야 한다는 것에 치중되어 있는 반면에, **tired**는 졸린 것과 신체적으로 피곤하거나 지루한 것을 모두 포함하고 있습니다. 이 장의 어휘 업그레이드에서 비슷한 어휘들을 좀 더 명확하게 확인해볼 겁니다.

Examples

- **I'm so tired. I was up all night.**
  저는 매우 피곤합니다. 밤을 새웠어요.

- **This class is so boring. I can barely stay awake!**
  이 수업은 매우 지루합니다. 저는 겨우 깨어 있어요!

- **You look terrible. Are you getting enough sleep these days?**
  너 안색이 안 좋아 보여. 요즘 잠은 충분히 자고 있는 거니?

- **I'm going to take a nap for a few hours.**
  저는 몇 시간 낮잠을 자려고 해요.

- **My kids wanted to stay up on Christmas Eve, but they were very sleepy.**
  우리 아이들은 크리스마스 이브에 밤을 지새우기를 원했지만 다들 매우 졸려했어.

- **I'm feeling drowsy this morning. I need some coffee.**
  저는 오늘 아침 졸리네요. 커피를 좀 마셔야 할 것 같아요.

Thomas' Exercises

▶ Sample 답안 327p

≫ 오, 맙소사! 졸린 학생들이 수업 시간에 간신히 눈만 뜨고 있네요. 과연 학생들이 잠에 취해 말할 법한 생각을 채우세요.

1.

2.

3.

4.

Anders' Practice
Put It Together!

>> 아버지와 딸이 함께 다락방을 청소하던 중 아버지의 오래된 음반을 발견하게 되었습니다.

Daughter Dad, I need a break. We've been working too hard.
아빠, 나는 잠시 쉬고 싶어요. 우리는 일을 너무 열심히 했어요.

Dad OK, I'm feeling a bit drowsy too.
그래, 나도 좀 졸리던 참이야.

Daughter There's so much old junk in this attic.
이 다락방에 폐물들이 너무 많아요.

Dad Well, some of it has seen better days, but it's not junk. Just look at this record …
음, 그중 어떤 건 좋은 때도 있었어. 하지만 폐물은 아니야. 이 음반 좀 봐.

Daughter An LP? It looks so old. LP판이에요? 엄청 오래돼 보여요.

Dad I really recommend this record. I used to listen to it all the time when I was a teenager. It's a classic.
나는 정말 이 음반을 추천한단다. 내가 십대 때 늘 이 음반을 듣곤 했어. 그건 명곡이야.

Daughter Hmm, I'm not sure …
음, 저는 잘 모르겠네요…

Dad The record player is a little worse for wear, but I think it still works. We should try playing the record.
그 전축이 약간 상태가 좋지 않지만 내 생각에는 아직 작동할 거 같아. 그 음반을 한 번 들어보는 게 좋겠어.

정리 학습

··· 그들은 잠시 그 음반을 들었습니다 ···

Daughter   Dad, honestly, this is boring. I can barely stay awake.
아빠, 솔직히 말해서 이 음반은 지루해요. 저는 깨어 있기가 힘들어요.

Dad   Boring? That's nonsense! This is classic rock!
지루하다니? 그건 말도 안 된다! 이것은 최고의 록음악이야!

Daughter   It's really terrible. It's the worst music I've ever heard.
그건 정말 형편없어요. 내가 들어 본 것 중에 최악의 음악이에요.

Dad   That doesn't make any sense … ah, I know what the problem is! You have to dance to it!
그건 이해가 안 돼 … 아, 뭐가 문제인지 알겠다! 네가 이 음악에 맞춰 춤을 춰 봐야 해.

Daughter   Dance?! 춤을 추라고요?!

Dad   That's right. Look at me, I'll show you how I used to dance.
맞아. 날 쳐다보렴, 내가 예전에 춤을 어떻게 췄는지 네게 보여줄게.

Daughter   You should stop dancing right now! It's the silliest thing I've ever seen!
아빠, 당장 춤을 멈춰요! 그건 내가 본 것 중에 가장 우스꽝스러운 모습이에요!

Dad   Haha, alright, take it easy! I was just teasing you …
하하, 알았어, 진정하렴! 그냥 널 놀려본 거야 …

Anders' Practice
Now It's Your Turn!

>> 이제 당신 차례입니다! 앞의 대화에 쓰인 표현을 기억하세요? 아래의 번역 문장을 보고 대화가 완성되도록 빈칸을 채우세요.

Daughter Dad, I need _____. We've been working too
          잠시 쉬고 싶어요
          hard.

Dad   OK, I'm feeling a bit _____ too.
                                졸리던 참이야

Daughter There's so much old junk in this attic.

Dad   Well, some of it has _____, but it's not junk.
                               더 좋은 때도 있었어
          Just look at this record …

Daughter An LP? It looks so old.

Dad   I really _____ this record. I used to listen to it
                   추천한단다
          all the time when I was a _____. It's a classic.
                                    십대 때

Daughter Hmm, I'm not sure …

Dad   The record player is _____, but I
                               약간 상태가 좋지 않지만
          think it still works. We should try playing the record.

이제 네 차례야!

··· 그들은 잠시 그 음반을 들었습니다 ···

Daughter Dad, honestly, this is boring. _____.
　　　　　　　　　　　　　　　　　　　저는 깨어 있기가 힘들어요

Dad Boring? That's _____!
　　　　　　　　　　말도 안 된다
This is classic rock!

Daughter It's really terrible. It's _____.
　　　　　　　　　　　　　　　내가 들어본 것 중에 최악의 음악이에요

Dad _____ ... ah, I know what the problem is!
　　그건 이해가 안 돼 ...
You have to dance to it!

Daughter Dance?!

Dad That's right. Look at me, I'll show you I used to dance.

Daughter You should stop dancing right now! _____!
그건 내가 본 것 중에 가장 우스꽝스러운 모습이에요

Dad Haha, alright, _____!
　　　　　　　　　진정하렴
I was just teasing you ...

CHAPTER 11
Sample 답안

Chapter 01

1.1 Thomas' Exercises

본문 23p

1. How is your pizza ? Is it tasty?

   피자 맛이 어때? 맛이 있어?

      A: Yes, it tastes amazing.
   응, 맛이 정말 놀라워.

2. How is your coffee? Is it tasty?

   커피 맛이 어때? 맛이 있어?

      A: No, it's too bitter.
   아니, 너무 써.

3. How is your burger? Does it taste alright?

   햄버거 맛이 어때? 맛이 괜찮아?

      A: Yes, it's delicious.
   응, 아주 맛있어.

4. How is your steak? Do you like it?

   스테이크 맛이 어때? 마음에 들어?

      A: Actually, it's a little lean.
   사실은, 너무 기름기가 없어.

Chapter 01

1.2 Thomas' Exercises

A. It was so nice
만나서 매우 반가웠어

B. Let's keep
연락하자

C. I have to leave
나는 떠나야해

D. I still keep in touch
나는 아직 연락하고 지내

E. Hope to see you
만나기를 바래

F. Please take care
조심해

G. Goodbye!
잘가(잘있어)

with my ex-boyfriend.
예전 남자 친구와

when you return from your vacation.
휴가 다녀오면

in a sec.
잠시 후에

See you later!
다음에 만나!

meeting you.
너를 만나서

in touch.
연락하며

if you go out at night.
만약 밤에 외출한다면

Chapter 01
Vocabulary UPgrade

본문 29p

1. I just bought a winning lottery ticket. I feel so <u>fortunate</u>!
   내가 산 복권이 당첨되었어. 행운이라고 생각해!

2. You should tell the police the <u>location</u> of the accident.
   너는 그 사고 위치를 경찰에 알려야 해.

3. Wow, that's a really nice <u>vehicle</u>. Is it new?
   와우, 정말 멋진 차네. 새 차야?

4. You should accept his offer. It's a great <u>opportunity</u>.
   그의 제안을 받아들이는 것이 좋겠어. 매우 좋은 기회야.

Chapter 01

1.3 Thomas' Exercises

본문 33p

A. Who can take out the trash?
누가 쓰레기를 내다 버릴 수 있나요?   ANSWER: ❹

B. Can someone please wash the dishes?
누가 설거지를 할 수 있나요?   ANSWER: ❶

C. Someone has to mow the lawn.
누군가가 잔디를 깎아야만 해요.   ANSWER: ❷

D. We need someone to vacuum the living room.
우리는 거실을 진공청소기로 청소할 사람이 필요해요.   ANSWER: ❸

❶ No problem. I'll take care of it
문제없어요. 제가 할게요.

❷ OK, leave it to me.
네, 제게 맡겨요.

❸ I can vacuum the living room tonight.
제가 오늘 밤에 거실을 진공청소기로 청소 할 수 있어요.

❹ I can do it! 제가 할게요!

Chapter 01

1.4 Thomas' Exercises

본문 37p

Dan

Jan

Hey Jan, <u>are you busy this weekend</u>?
이봐 Jan, 이번 주말에 바쁘니?

Sorry, Dan, <u>I'm busy this weekend</u>.
미안해, Dan, 나는 이번 주말에 바빠.

Hey Jan, <u>are you free for lunch tomorrow</u>?
이봐 Jan, 내일 점심 함께할 시간 있니?

OK, Dan, <u>I'm free tomorrow</u>.
응, Dan, 나는 내일 한가해.

Hey Jan, <u>are you free at 6 p.m.</u>?
이봐 Jan, 오후 6시에 시간되니?

OK, Dan, <u>I can meet at 6 p.m</u>.
응, Dan, 나는 오후 6시에 만날 수 있어.

Hey Jan, <u>can you watch a movie tonight</u>?
이봐 Jan, 오늘 밤에 영화 볼 수 있어?

Sorry, Dan, <u>I can't tonight</u>.
미안해, Dan, 오늘 밤은 안 되겠어.

Chapter 02

2.1 Thomas' Exercises

본문 49p

1. A: Excuse me, <u>where is the post office</u>?
   실례합니다, (우체국이 어디에 있습니까?)

   B: It's over there, across the street.
   길 건너 저쪽에 있습니다.

2. A: Excuse me, I'm looking for Court Square Station.
   실례합니다, 저는 코트 스퀘어 역을 찾고 있습니다.

   B: Sorry, <u>I'm from out of town</u>.
   You'd better ask someone else.
   죄송합니다, (저는 다른 도시에서 왔습니다.)
   다른 사람에게 물어보는 것이 좋을 것 같습니다.

3. A: <u>Where is the nearest movie theatre</u>?
   (가장 가까운 영화관은 어디에 있습니까?)

   B: I'm not sure. Try asking a policeman.
   저는 잘 모릅니다. 경찰관에게 물어보세요.

4. A: Excuse me, <u>do you know where the café is</u>?
   실례합니다. (카페가 어디 있는지 아세요?)

   B: It's right <u>around the corner</u>.
   바로 모퉁이를 돌면 있습니다.

Chapter 02

2.2 Thomas' Exercises

본문 53p

A. What shoes do you recommend?
너는 어떤 신발을 추천하니?

B. What would you like for breakfast?
아침식사로 무엇을 먹고 싶어?

C. What music are you in the mood for?
어떤 음악이 듣고 싶니?

D. What should we eat?
우리 무엇을 먹을까?

E. What present should I buy for her birthday?
그녀의 생일에 무슨 선물을 살까?

• Let's have Chinese food.
중국음식을 먹자

• How about a new watch?
새로운 시계는 어때?

• Nike is a good brand.
나이키는 좋은 브랜드야.

• I'm in the mood for bacon and eggs.
나는 베이컨과 계란을 먹고 싶어.

• Let's listen to some blues.
블루스(슬픈 재즈음악)를 듣자.

Chapter 02
Vocabulary UPgrade

본문 55p

1 I'm looking for a boyfriend who is <u>warm-hearted</u> and has a good job.
나는 <u>마음이 따뜻하고</u> 좋은 직업을 가진 남자친구를 찾고 있어.

2 I hope you have <u>an enjoyable</u> vacation. Take lots of photos!
<u>즐거운</u> 휴가 갖길 바란다. 사진 많이 찍어!

3 That movie is really <u>hilarious</u>. You should watch it!
저 영화는 정말 <u>유쾌해</u>. 너도 그 영화 봐야해!

Chapter 02

2.3 Thomas' Exercises

본문 59p

1. What day is it today?
   오늘은 무슨 요일입니까?

   <u>It's Monday.</u>
   월요일입니다.

2. Do you know what time it is?
   지금 몇 시인지 아세요?

   <u>Sure. It's about (a) quarter past eleven.</u>
   네. 11시 15분입니다.

3. Excuse me, do you have time to talk?
   실례합니다만, 이야기할 시간 있어요?

   <u>Actually, I'm a little busy now.</u>
   사실은 지금 약간 바쁩니다.

4. What time do you leave this class?
   몇 시에 이 교실을 떠날거니?

   <u>I have to leave at seven-thirty p.m.</u>
   저는 오후 7시 30분에 떠나야 해요.

5. Do you know what time the train leaves?
   기차가 몇 시에 출발하는지 알고 계십니까?

   <u>The train leaves in fifteen minutes.</u>
   기차는 15분 후에 출발합니다.

Chapter 02

2.4 Thomas' Exercises

본문 63p

1. What can I <u>do for</u> you?
   제가 무엇을 도와 드릴까요?

2. What <u>would you</u> like for dinner?
   저녁식사로 무엇을 드시겠습니까?

3. May I take <u>your order</u>?
   제가 주문을 받아도 될까요?

4. Could I have <u>a</u> <u>large</u> drink, please?
   라지 사이즈 음료를 주시겠어요?

5. What TV show would you like <u>to watch</u>?
   어떤 TV 쇼를 시청하시겠습니까?

Chapter 03

3.1 Thomas' Exercises

> 본문 75p

Hank　　Daisy　　Gabriella

학생1　Whose blue shorts are these?
　　　　이것은 누구의 파란색 반바지 입니까?

학생2　They're Daisy's.
　　　　그것은 Daisy의 것입니다.

학생2　Does this yellow sweater belong to Gabriella?
　　　　이 노란색 스웨터는 Gabriella의 것입니까?

학생1　No. It belongs to Hank.
　　　　아니요, 그것은 Hank의 것입니다.

학생1　Is this Hank's t-shirt?
　　　　이것이 Hank의 티셔츠입니까?

학생2　No, it's Daisy's
　　　　아니요, 그것은 Daisy의 것입니다.

학생1　Do these red shoes belong to Daisy?
　　　　이 빨강색 신발은 Daisy의 것입니까?

학생2　No, they belong to Gabriella
　　　　아니요, 그것은 Gabriella의 것입니다.

Chapter 03

3.2 Thomas' Exercises

본문 79p

1. A: Could I borrow your computer?
   제가 당신의 컴퓨터를 빌릴 수 있을까요?

   B: Yes, here you go / here you are.
   네, 여기 있습니다.

2. A: Do you mind if I turn off the TV?
   제가 TV 전원을 꺼도 괜찮을까요?

   B: Hold on, I'm watching this show.
   잠시만요, 저는 이 쇼를 보고 있어요.

3. A: Can you lend me your jacket?
   당신의 재킷을 저에게 빌려 주시겠습니까?

   B: OK. Just give it back to me tonight.
   네, 오늘 밤에 그것을 저에게 돌려 주세요.

Conversation examples:

학생 1   Excuse me, could you lend me your eraser?
        실례합니다, 저에게 지우개를 빌려 주시겠습니까?

학생 2   Of course! Do you mind if I borrow your coat?
        물론입니다! 제가 당신의 코트를 빌려도 괜찮겠어요?

학생 1   Sure. Here you are.
        네. 여기 있습니다.

학생 1   Excuse me, is this your pencil?
        실례합니다, 이것은 당신의 연필입니까?

학생 2   Yes.
        네.

학생 1   Could I borrow it?
        제가 그것을 빌릴 수 있을까요?

학생 2   Actually, I need it now. Please give me a minute.
        사실, 제가 그것이 지금 필요합니다. 잠시만요.

Chapter 03
Using Advers for Emphasis

본문 81p

The other day, it rained so much. The sky was really dark. The thunder was extremely loud, so my dog got awfully scared. It was very wet outside, so I stayed inside. I was quite bored. I didn't know what to do. Then, I suddenly began to dance and sing loudly. It was pretty fun. It made the time pass quickly. I realized I had been singing all day. The rain had surprisingly stopped now. I could finally go outside.

일전에, 비가 굉장히 많이 왔었어요. 하늘은 정말 어두컴컴했죠. 천둥소리가 매우 시끄러웠고, 나의 강아지는 몹시 겁에 질렸어요. 바깥은 매우 축축했고, 그래서 나는 집안에 있었어요. 저는 상당히 지루했죠. 나는 무엇을 해야 할지 몰랐어요. 그때, 나는 갑자기 춤추고 큰 소리로 노래하기 시작했어요. 매우 재미있더군요. 시간이 빨리 지나갔어요. 저는 하루 종일 노래하면서 보냈다는 것을 깨달았죠. 지금은 놀랍게도 비가 멈췄어요. 저는 마침내 밖으로 나갈 수 있게 되었어요.

Chapter 03

3.3 Thomas' Exercises

본문 85p

1. A: When does the store open?
   가게는 언제 문을 열죠?

   B: I'm not sure when the store opens.
   가게가 언제 문을 여는지 잘 모릅니다.

2. A: Do you know who wrote this song?
   이 노래를 누가 작곡했는지 알고 있나요?

   B: I don't know who wrote this song.
   누가 이 노래를 작곡했는지 모릅니다.

3. A: What time is it?
   몇 시에요?

   B: I have no idea what time it is.
   지금 몇 시인지 저는 전혀 모릅니다.

4. A: Do you know when the bus arrives?
   버스가 언제 도착하는지 알고 있나요?

   B: I have no idea. You'll have to ask someone else.
   저는 전혀 모릅니다. 다른 사람에게 물어보셔야 할 것 같습니다.

5. A: Do you know when this TV show ends?
   이 TV 쇼가 언제 끝나는지 알고 있나요?

   B: I'm not sure. Check the TV guide.
   잘 모릅니다. TV 안내 책자를 확인해 보세요.

Chapter 03

3.4 Thomas' Exercises

본문 89p

1. <u>Could you take my picture for me</u>?
   제 사진을 찍어 주시겠습니까?

2. <u>Do you mind babysitting my kids for me</u>?
   제 아이들을 돌봐줄 수 있으시겠습니까?

3. <u>Can you do me a favor? Please walk my dog for me</u>.
   부탁 하나 들어주시겠습니까? 저 대신 제 강아지 산책 시켜주세요.

4. <u>Please pass me the ball</u>.
   그 공을 제게 건네 주세요.

5. <u>Do you mind washing my car for me</u>?
   제 자동차를 세차해 주시겠습니까?

Chapter 04

4.1 Thomas' Exercises

본문 101p

A. Go on a diet:
다이어트를 하다

❶ I'm going to go on a diet.
나는 살을 뺄 거야.

❷ I've decided to go on a diet.
나는 살을 빼기로 결심했어.

❸ I'm planning on going on a diet.
나는 살을 빼려고 합니다.

B. Quit drinking:
금주하다

❶ I'm going to quit drinking.
나는 술을 끊을 거야.

❷ I've decided to quit drinking.
나는 술을 끊기로 결심했어.

❸ I'm planning on quitting drinking.
나는 술을 끊으려고 합니다.

C. Buy a new car:
새 차를 구매하다

❶ I'm going to buy a new car.
나는 새 차를 살 생각이야.

❷ I've decided to buy a new car.
나는 새 차를 사기로 결심했어.

❸ I'm planning on buying a new car.
나는 새 차를 사려고 합니다.

D. Try a new recipe:
새로운 조리법을 시도하다

❶ I'm going to try a new recipe.
나는 새로운 조리법을 시도해볼 생각이다.

❷ I've decided to try a new recipe.
나는 새로운 조리법을 시도해보기로 결심했어.

❸ I'm planning on trying a new recipe.
나는 새로운 조리법을 시도해 볼 계획입니다.

Chapter 04

4.2 Thomas' Exercises

본문 105p

1. 남자 Don't play baseball here.
   여기서 야구하지 마라.

   소년 I'm sorry.
   죄송합니다.

2. 여자 You shouldn't smoke here.
   여기서 흡연하지 마세요.

   남자 Then where should I smoke instead?
   그렇다면 그 대신에 제가 어디서 흡연해야 할까요?

3. 상사 You're not allowed to use your phones at work.
   근무 중에 휴대폰을 사용하는 것은 허용되지 않습니다.

   직원 Sorry, I didn't know that.
   죄송합니다. 저는 그걸 몰랐습니다.

Chapter 04
문장 연결을 위한 접속사 사용하기

본문 107p

Christmas is my favorite holiday because I can spend time with my whole family, except my oldest brother. He lives in another country so he can't visit us.

크리스마스는 내가 가장 좋아하는 휴일입니다. 왜냐하면 큰 형을 제외한 나의 모든 가족들과 시간을 보낼 수 있기 때문입니다. 큰 형은 다른 나라에 살고 있습니다. 그래서 저희 집에 오지 못합니다.

On Christmas Eve, my family either goes to my grandmother's house, or she comes to visit our house. I prefer staying at my grandma's house. The view is always so pretty there, especially if it is snowing.

크리스마스 이브에, 내 가족들은 할머니 집에 가거나 아니면 할머니께서 우리 집에 오십니다. 저는 할머니 집에 머무는 것을 더 좋아합니다. 특히 눈이 내린다면, 그 경치는 늘 매우 아름답습니다.

During the day, I decorate the house while helping Grandma prepare the food. I love Christmas food, but unfortunately, it makes me put on weight. In the evening, we sing Christmas carols and open our presents.

크리스마스 날에 나는 할머니가 요리하는 것을 도와드리면서 집안을 장식합니다. 저는 크리스마스 음식을 좋아합니다, 그러나 불행하게도, 그 음식은 저를 살찌게 합니다. 저녁이 되면 우리는 크리스마스 캐롤을 부릅니다 그리고 우리의 선물을 열어봅니다.

Chapter 04

4.3 Thomas' Exercises

본문 111p

1.

   A: Can I smoke here?
   여기서 흡연해도 될까요?

   B: No, smoking is not permitted here.
   아니요, 여기는 흡연이 허용되지 않습니다.

2.

   A: Is it OK if I park here?
   여기에 주차해도 괜찮을까요?

   B: Sorry, you're not allowed to park here.
   죄송합니다, 여기에 주차하는 것은 허용되어 있지 않습니다.

3.

   A: Am I allowed to take photos here?
   여기서 사진 찍는 것이 허용됩니까?

   B: Sure, go ahead. Photos are permitted here.
   네, 그러세요. 여기서 사진 찍는 것은 허용됩니다.

4.

   A: Am I allowed to drink here?
   여기서 술을 마시는 것이 허용됩니까?

   B: Sorry, sir, drinking is prohibited here.
   죄송합니다, 손님, 여기서 술을 마시는 것은 금지되어 있습니다.

Chapter 04

4.4 Thomas' Exercises

본문 115p

아빠	Thank you for this Thanksgiving dinner / turkey.
	이번 추수 감사절 저녁식사 / 칠면조 요리 감사합니다.
엄마	Thank you for my two sweet kids.
	저의 사랑스런 두 자녀를 갖게 해주신 것에 감사 드립니다.
언니	Thank you for my cute puppy.
	귀여운 강아지를 기르게 해주신 것에 대하여 감사 드립니다.
오빠	Thank you for my cool red bike.
	멋진 빨간 자전거를 갖게 해주신 것에 대해 감사 드립니다.

▶▶ 이제, 여러분은 무엇을 감사하게 생각하나요? 아래의 문장을 활용하여 여러분의 감사함을 표현해 보세요.

Thank you for this great English book.

이 훌륭한 영어 교재에 대해 감사합니다.

Thanks for taking the time to write me a letter.

내게 편지를 쓸 시간을 갖게 해주심에 감사합니다.

Chapter 05

5.1 Thomas' Exercises

본문 127p

Jessie I'm so happy!
저는 너무 행복해요!

Jemie Why? What happened?
왜? 무슨 일이야?

Jessie I'm so excited by this letter!
I passed my job interview!
이 편지를 받게 되어 너무 신이 나요!
저는 채용 면접에서 합격했어요!

Jemie That's good to hear. I'm so happy for you!
그 말 듣게 되어서 다행입니다. 네게 너무 잘된 일이다!

Jessie Thanks! I'm over the moon right now.
감사해요! 저는 지금 하늘에 붕 떠 있는 것처럼 행복해요.

Chapter 05

5.2 Thomas' Exercises

본문 131p

1. Don't make a scene!
   소란을 피우지 마!

2. I'm about to lose my temper.
   나는 지금 성질부릴 것 같아.

3. Don't run so fast. Take it easy.
   너무 빨리 달리지 마. 천천히 해.

4. You're too noisy. Keep your voice down!
   너는 너무 시끄러워. 목소리를 좀 낮춰!

5. Don't get upset. Calm down.
   화내지 마. 진정해.

6. I'm so pissed off!
   나 너무 열 받았어!

Chapter 05
Vocabulary UPgrade

본문 133p

① I know an amazing restaurant near here. Let's have dinner there.
저는 이 근처에 놀라운 식당을 알고 있습니다. 거기서 저녁식사 해요.

② After watching this movie, I feel a little depressed.
이 영화를 보고 난 후 저는 약간 우울함에 잠깁니다.

③ Thank you for this magnificent meal. It was delicious.
이 근사한 식사 감사해요. 너무 맛있었어요.

Chapter 05

5.3 Thomas' Exercises

> 본문 137p

1. I'm sorry for breaking your plate.
   접시를 깨뜨려서 죄송합니다.

2. I'm sorry (that) we're late!
   늦어서 죄송합니다!

3. Please forgive me for failing my test.
   시험을 망친 것 용서해주세요.

4. I want to apologize for lying
   거짓말한 것에 대해 사과 드리고 싶습니다.

Chapter 05

5.4 Thomas' Exercises

💬 본문 141p

I love you so much.
저는 당신을 정말 사랑합니다

I love you too, honey.
저도 당신을 사랑해요, 자기야.

I'm crazy about you!
저는 당신에게 푹 빠져 있습니다!

I loved you from the moment I saw you.
저는 당신을 본 순간부터 당신을 사랑했습니다.

I can't live without you!
저는 당신 없이 살수 없어요!

I don't feel the same way!
저는 그런 감정 없는데요!

6.1 Thomas' Exercises

> 본문 153p

1. I like to play soccer.
저는 축구 하는 것을 좋아합니다.

2. I'm really nuts about shopping.
저는 쇼핑에 정말 푹 빠져 있습니다.

3. I enjoy playing chess in my free time.
저는 여가 시간에 체스게임 하기를 즐깁니다.

4. I usually read the newspaper about 4 times a week.
저는 보통 일주일에 네 번 정도 신문을 읽습니다.

6.2 Thomas' Exercises

본문 157p

H	N	W	A	Z	W	P	T	E	C
J	C	H	A	R	M	R	S	C	S
W	E	S	I	N	D	E	A	R	E
A	H	Y	T	C	U	T	E	L	X
D	S	X	D	E	U	T	L	L	Y
O	B	E	A	U	T	Y	R	U	V
R	N	R	F	B	P	A	U	K	K
A	T	T	R	A	C	T	I	V	E
B	X	B	G	A	N	H	K	T	F
L	Q	Y	S	T	U	N	N	E	R
E	M	U	H	P	E	B	M	S	M

1. pretty
2. sexy
3. charm
4. beauty
5. adorable
6. stunner
7. attractive
8. cute

Chapter 06
Vocabulary UPgrade

본문 159p

1 We don't have any vacant rooms at the hotel tonight.
오늘 밤에는 호텔에 빈방이 없습니다.

2 I failed my test, but I'll attempt it again next year.
저는 시험에 합격하지 못했지만 내년에 다시 시도하겠습니다.

3 I need to go on a diet. I'm overweight these days.
저는 다이어트를 해야 해요. 저는 요즘 과체중이에요.

4 The paintings at the art gallery were very unattractive.
그 미술관에 있는 그 그림들은 매우 매력이 없었어요.

5 What do you usually do in your spare time?
여유 시간에 보통 무엇을 하세요?

6.3 Thomas' Exercises

본문 163p

1.  or

   질문: Which food do you prefer: chicken or beef?
   닭고기와 소고기 중에 어느 음식을 더 좋아하십니까?

   답: I prefer chicken.
   저는 닭고기를 더 좋아합니다.

2.  or

   질문: Which transportation do you prefer: bus or subway?
   버스와 지하철 중에서 어느 교통수단을 더 좋아하십니까?

   답: I'd rather travel by subway than by bus.
   저는 버스보다는 오히려 지하철로 가는 편입니다.

3. or

   질문: Which sport do you like more: baseball or soccer?
   야구와 축구 중 어느 스포츠를 더 좋아하십니까?

   답: I like soccer more than baseball.
   저는 야구보다는 축구를 더 좋아합니다.

Chapter 06

6.4 Thomas' Exercises

본문 167p

1. Would you like to try this phone?
   이 전화기를 한 번 써보시겠습니까?

   Sorry, I'm not interested.
   죄송합니다만, 관심 없습니다.

2. Are you interested in this house?
   이 집에 관심 있으십니까?

   Sorry, it's not really my style.
   죄송합니다만, 그건 정말 제 스타일이 아닙니다.

3. Can I interest you in this new car?
   제가 당신에게 이 새로운 자동차를 권해 드려도 될까요?

   Sorry, that car doesn't really appeal to me.
   죄송합니다만 그 자동차는 정말 제게 흥미를 끌지 못합니다.

Chapter 07

7.1 Thomas' Exercises

본문 179p

1. A: These sneakers are just 34 dollars.
   이 운동화는 정확히 34달러입니다.

   B: That's really cheap.
   정말로 값이 저렴하네요.

2. A: This pastry is just two dollars and twenty-five cents.
   이 페이스트리 케이크는 겨우 2달러 25센트입니다.

   B: That's pretty affordable.
   값이 매우 저렴하네요.

3. A: This car is just fifteen thousand dollars.
   이 자동차는 15,000달러 밖에 안됩니다.

   B: That's a real bargain. I should buy it!.
   그건 정말 싸게 사는 거네요. 사는 것이 좋겠어요.

4. A: This computer is just seven hundred and twenty-five dollars.
   이 컴퓨터는 겨우 725달러입니다.

   B: That's cheap! I'd better buy one before they're sold out.
   그건 정말 저렴하네요! 품절되기 전에 하나 사는 것이 좋겠어요.

Chapter 07

7.2 Thomas' Exercises

본문 183p

1. Real estate prices are too expensive.
   부동산 중개 수수료는 너무 비쌉니다.

2. These new sneakers are 120 dollars.
   이 새로운 운동화는 120달러입니다.

3. That's more than I can afford.
   제가 감당할 수 있는 것보다 더 많네요.

4. Two hundred dollars per month is pretty steep.
   매월 200달러씩은 꽤나 비싸네요.

5. I was ripped off by a salesman.
   나는 영업사원에게 바가지 썼어.

Chapter 07
Vocabulary UPgrade

본문 185p

1. Which <u>direction</u> should I go to get to the train station?
   기차역으로 가려면 어느 <u>방향</u>으로 가야 합니까?

2. This work will take <u>approximately</u> two hours to finish.
   이 일은 끝내려면 <u>거의</u> 2시간 소요됩니다.

3. Where is your <u>residence</u> located?
   당신의 <u>거주지</u>는 어디에 있습니까?

4. I'm busy today. I have a lot of <u>stuff</u> to take care of.
   저는 오늘 바빠요. 처리해야 할 <u>것</u>들이 많습니다.

7.3 Thomas' Exercises

본문 189p

1.

I don't have any toilet paper.
나는 화장지가 없습니다.

I'm out of toilet paper.
나는 화장지가 다 떨어졌습니다.

I'm running low on toilet paper.
나는 화장지가 떨어져 가고 있습니다.

2.

We don't have any milk.
우리는 우유가 없습니다.

We're out of milk.
우리는 우유가 다 떨어졌습니다.

We're running low on milk.
우리는 우유가 다 떨어져 가고 있습니다.

3.

I don't have any soap.
나는 더 이상 비누가 없습니다.

I'm out of soap.
나는 비누가 다 떨어졌습니다.

I'm running low on soap.
나는 비누가 다 떨어져 가고 있습니다.

7.4 Thomas' Exercises

> 본문 193p

1.

   Q: What kind of car is it?
   그것은 어떤 종류의 자동차야?

   A: It's a Ford.
   포드 자동차야.

2.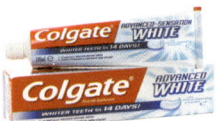

   Q: What brand of toothpaste do you use?
   너는 어떤 브랜드의 치약을 사용하니?

   A: I use Colgate.
   나는 콜게이트 치약을 사용해.

3.

   Q: What brand of beer do you prefer?
   나는 어떤 브랜드의 맥주를 선호하니?

   A: I prefer Heineken.
   나는 하이네켄을 선호해.

4.

   Q: What candy do you like?
   어떤 사탕을 좋아해?

   A: I like M&M's.
   나는 엠앤엠스을 좋아해.

Chapter 08

8.1 Thomas' Exercises

본문 205p

1. **this weekend** 이번 주말

   A: <u>What will you do this weekend</u>?
   너는 이번 주말에 뭐 할 거니?

   B: <u>I'm visiting my family</u>.
   나는 가족들을 찾아갈 거야.

2. **for Christmas** 크리스마스 때

   A: <u>What are you doing for Christmas</u>?
   너는 크리스마스 때 뭐 할 거니?

   B: <u>I'm planning to travel to Europe</u>.
   나는 유럽을 여행하려고 해.

3. **when you retire** 당신이 은퇴할 때

   A: <u>What will you do when you retire?</u>
   당신은 은퇴하게 되면 무엇을 하시겠습니까?

   B: <u>I'm planning to move to the countryside</u>.
   저는 시골 지역으로 이사하려고 합니다.

4. **this evening** 오늘 저녁

   A: <u>What are your plans for this evening</u>?
   오늘 저녁에 네가 하려는 계획은 무엇이니?

   B: <u>I don't know. I might just stay at home</u>.
   모르겠어. 나는 아마도 그냥 집에 있을 거야.

8.2 Thomas' Exercises

🗨 본문 209p

1. Today: rain

   It looks like rain today.
   오늘은 비가 올 것 같다.

2. This evening: snow

   I think it might snow this evening.
   오늘 저녁에는 눈이 올 것 같네요.

3. Tomorrow: sun

   The weather forecast predicted sun tomorrow.
   일기예보에서 내일은 맑을 거라고 예측했습니다.

4. Next weekend: clouds, strong wind

   The weather forecast predicted clouds and strong wind next weekend.
   일기예보에서 다음 주에는 흐리고 강한 바람이 불 것이라고 예측했습니다.

Chapter 08
Vocabulary UPgrade

본문 211p

(1) Why were you waiting outside? You must be freezing. Come inside!
왜 밖에서 기다리고 있었어? 몹시 추웠겠다. 안으로 들어와!

(2) I like to drink some warm tea whenever it's drizzling.
이슬비가 내릴 때마다 저는 따뜻한 차를 조금 마시는 것을 좋아합니다.

(3) I always feel so lazy on a sweltering summer day.
무더운 여름 날에는 나는 기분이 언제나 매우 나른해져요.

Chapter 08

8.3 Thomas' Exercises

본문 215p

>> 우리가 학습한 세 가지 유형을 사용하여 아래의 문장을 확신하는 문장으로 바꾸세요.

1. Helen can help you.
   헬렌이 너를 도울 수 있다.
   ⇨ I'm sure Helen can help you.
   나는 헬렌이 너를 도울 수 있다고 확신해.

2. We will arrive on time.
   우리는 정시에 도착할 것입니다.
   ⇨ We'll definitely arrive on time.
   우리는 분명히 정시에 도착할 것입니다.

3. The taxes will not rise.
   세금은 오르지 않을 것입니다.
   ⇨ I guarantee that the taxes will not rise.
   나는 세금은 오르지 않을 것이라고 장담합니다.

>> 이제, 아래의 물음에 확신 있게 대답하는 내용의 문장으로 만드세요.

4. Q: Do you think she loves me?
   당신은 그녀가 나를 사랑하고 있다고 생각하세요?
   A: I'm sure she loves you.
   나는 그녀가 널 사랑하고 있다고 확신해.

5. Q: Will you keep your promise?
   당신은 약속을 지킬 것인가요?
   A: I guarantee I will keep my promise.
   나는 내가 약속을 지킬 거라고 장담해.

6. Q: Can we really finish work by 7 p.m.?
   우리는 오후 7시까지 정말 일을 끝낼 수 있습니까?
   A: We'll definitely finish work by 7 p.m.
   우리는 오후 7시까지 일을 분명히 끝낼 거야.

Chapter 08

8.4 Thomas' Exercises

본문 219p

1. In ten years, it's possible that I will have a different job.
   10년 후에는, 아마 나는 다른 직업을 가질 수도 있어.

2. Tomorrow, I might have dinner at a Mexican restaurant.
   내일, 나는 멕시코 식당에서 저녁식사를 할지도 몰라.

3. It might be time for me to retire soon.
   내가 아마도 곧 은퇴할 시간일지도 몰라.

4. It's impossible for me to stop using my cell phone.
   내가 휴대폰 사용을 중단하는 것은 불가능한 일이야.

5. There's a chance I could win the lottery.
   내가 로또에 당첨될지도 모르는 가능성이 있어.

6. I'm running low on cash, so it's possible I'll have to borrow some money.
   내가 현금이 다 떨어져가면, 돈을 좀 빌려야 할 가능성이 있어.

Chapter 09

9.1 Thomas' Exercises

📢 본문 231p

1. I want to take some time off.
   저는 당분간 쉬고 싶습니다.

2. I can't allow you to miss work.
   저는 당신이 쉬는(휴가)것을 허락할 수 없습니다.

3. How long do you think you'll be gone?
   얼마나 오랫동안 휴가 갈 생각이십니까?

4. I'd like to take a vacation next month.
   저는 다음 달에 휴가 여행을 가고 싶습니다.

5. I need to take a leave of absence.
   저는 휴가를 가야만 합니다.

>> 이제 당신의 파트너와 함께, 아래 문장 형식을 사용하여 휴가를 요청해 보세요.

사원　I'd like to take a leave of absence.
　　　저는 휴가를 내고 싶습니다.

팀장　Why, what's wrong?
　　　왜, 무슨 일 있어?

사원　My daughter is sick, so I should stay at home.
　　　제 딸아이가 아픕니다, 그래서 제가 집에 함께 있어야 할 것 같습니다.

팀장　OK, you may take the day off.
　　　그래, 휴가를 내게나.

Chapter 09

9.2 Thomas' Exercises

본문 235p

1. <u>The meeting is rescheduled from Tuesday to Friday</u>.
   회의가 화요일에서 금요일로 일정 변경되었습니다.

2. <u>Dinner time has changed from seven p.m. to eight thirty p.m.</u>.
   저녁 식사 시간이 오후 7시에서 오후 8시 30분으로 변경되었습니다.

3. <u>The wedding has been postponed from April to June</u>.
   결혼식이 4월에서 6월로 연기되었습니다.

4. <u>The flight time has changed from six fifteen p.m. to six forty-five p.m.</u>.
   비행기 출발 시간이 오후 6시 15분에서 6시 45분으로 변경되었습니다.

Chapter 09
Vocabulary UPgrade

본문 237p

When I was 10 years old, I was playing soccer with my friends.
제가 10살 때, 저는 친구들과 함께 축구를 하고 있었습니다.

It started well. (1) However, it ended poorly.
시작은 좋았습니다. 그러나 경기가 형편없이 종료되었습니다.

I hurt my leg. (2) Therefore, I had to go to the hospital.
저는 다리를 다쳤습니다. 그래서 저는 병원에 갔어야 했습니다.

(3) "Unfortunately, it doesn't look good. I think you need surgery," the doctor told me.
"안타깝게도, 상태가 좋지 않습니다. 당신은 수술을 받으셔야 할 듯합니다."라고 의사 선생님께서 제게 말씀했습니다.

(4) Surprisingly, the surgery didn't hurt at all. The doctors did a great job.
놀랍게도, 수술은 전혀 아프지 않았습니다. 의사 선생님들께서 수술을 잘해주셨습니다.

Now, I am fully recovered. (5) Sometimes, I still feel a little pain, but it doesn't bother me.
이제, 저는 완전히 회복되었습니다. 때때로, 저는 아직도 약간의 아픔이 느껴지지만 그것이 불편하지는 않습니다.

(6) Hopefully, I will never have an injury like that again.
바라건대, 저는 다시는 그런 부상을 입지 않기를 바랍니다.

Chapter 09

9.3 Thomas' Exercises

본문 241p

1. **starving** 몹시 배고픈

   I haven't had breakfast today, so I'm starving.
   저는 오늘 아침식사를 먹지 못했습니다, 그래서 지금 배가 고파 죽겠어요.

2. **I could eat a horse** 저는 말 한 마리도 먹을 수 있을 것 같아.

   This buffet looks delicious. I could eat a horse right now!
   이 뷔페 식당은 매우 맛있을 것 같아. 나는 지금 당장 말 한 마리도 다 먹을 수 있을 것 같아.

3. **holidays** 휴가

   Do you have any plans for the holidays?
   이번 휴가를 위한 계획 있어?

4. **growling** 꼬르륵 소리가 나는

   My stomach started growling when I saw the food.
   내가 음식을 봤을 때 배에서 꼬르륵 소리가 나기 시작했다.

5. **embarrassing** 당황하게 하는, 난처하게 하는

   Please don't post that photo of me. It's so embarrassing.
   저의 그 사진 게재하지 마세요. 무척 당황스럽네요.

Chapter 09

9.4 Thomas' Exercises

본문 245p

1. Try this salad. I made it myself.
   이 샐러드를 먹어봐. 내가 직접 만들었어.

2. Have a slice of this pizza.
   이 피자 한 조각 먹어보렴.

3. Could you taste this stew, please?
   이 스튜 맛 좀 볼래?

4. Would you like to taste this cake? I baked it myself.
   이 케이크를 먹어 보겠니? 내가 직접 구운 거란다.

Chapter 10

10.1 Thomas' Exercises

본문 257p

1. This carpet is a little shabby.
   이 카펫은 약간 남루한 것 같아.

2. This dog is really old.
   이 개 정말 늙었다.

3. This frying pan has seen better days.
   이 프라이팬은 지금은 형편없어졌다.

4. This sweater looks quite worn out.
   이 스웨터는 매우 낡았다.

Chapter 10

10.2 Thomas' Exercises

> 본문 261p

1. **read this book** 이 책 읽기

   You should read this book.
   너는 이 책을 읽어보는 게 좋겠어.

2. **save your money** 돈을 저축하기

   I recommend you to save your money.
   나는 네가 돈을 저축하는 걸 권하고 싶구나.

3. **try this cake** 이 케이크 먹어보기

   I advise you to try this cake.
   나는 당신이 이 케이크 드셔보시는 것을 권합니다.

4. **buy some new shoes** 새 신발 사기

   You should buy some new shoes soon.
   당신은 빨리 새 신발을 사는 것이 좋겠어요

Chapter 10
Vocabulary UPgrade

본문 263p

1. I didn't sleep until 3 a.m. I feel so exhausted today.
   나는 새벽 3시까지 잠들지 못했어. 나는 오늘 너무 기진맥진해.

2. I'm feeling a bit ill. Is it OK if I leave work early?
   나는 약간 아픈 것 같아요. 제가 오늘 좀 일찍 퇴근해도 괜찮을까요?

3. Please don't record me when I sing. It makes me self-conscious.
   제가 노래할 때 녹음하지 마세요. 그러면 너무 시선을 의식하게 되요.

10.3 Thomas' Exercises

🗨 본문 267p

1. 온전한 것, 합리적인 또는 현실적인: sane
   분별 있는

2. 말도 안 되는 행동이나 진술: nonsense
   말도 안 되는 소리

3. 다른 사람에 대해 비열하게 말하는 것: insult
   모욕하다

4. 사적인 이득을 위해 부정직하게 행동하거나 규칙을 어기는 것: cheat
   속임수를 쓰이다

5. 주변에 퍼지고 있는 입증되지 않은 정보: rumor
   소문

6. 이성이 없고 미친 것: crazy / insane
   미친

Chapter 10

10.4 Thomas' Exercises

💬 본문 271p

1. **This class is so boring. I can barely stay awake.**
   이 수업은 너무 지루해. 나는 겨우 깨어 있어.

2. **I'm so tired. I was up all night.**
   나는 너무 피곤해. 나는 어젯밤을 꼬박 샜어.

3. **I'm feeling drowsy this morning. I need some coffee.**
   나는 오늘 아침 계속 졸려. 커피를 좀 마셔야겠어.

4. **I'm so sleepy. I'm going to take a nap for a few minutes.**
   나는 매우 졸려. 잠시 낮잠을 자야 할 것 같아.

{ 불규칙 동사표 }

• awake ~ cling

원형	과거	과거분사
awake [əwéik] 깨우다	awoke [əwóuk]	awoken [əwóukən]
be : am [ǽm] ~이다	was [wəz]	been [bin]
be : are [ɑːr] ~이다	were [wəːr]	been [bin]
be : is [íz] ~이다	was [wəz]	been [bin]
beat [biːt] 치다	beat [biːt]	beaten [bíːtn]
bear [bɛər] 낳다	bore [bɔːr]	born [bɔːrn]
become [bikʌ́m] ~이 되다	became [bikéim]	become [bikʌ́m]
begin [bigín] 시작되다	began [bigǽn]	begun [bigʌ́n]
bet [bet] (돈을) 걸다	bet [bet]	bet [bet]
bite [bait] 물다	bit [bit]	bitten [bítn]
blow [blou] (바람이) 불다	blew [bluː]	blown [bloun]
break [breik] 깨다	broke [brouk]	broken [bróukən]
breed [briːd] 낳다	bred [bred]	bred [bred]
bring [briŋ] 가져오다	brought [brɔːt]	brought [brɔːt]
build [bild] 짓다	built [bilt]	built [bilt]
burn [bəːrn] 타다	burnt [bəːrnt]	burnt [bəːrnt]
burst [bəːrst] 폭발하다	burst [bəːrst]	burst [bəːrst]
buy [bai] 사다	bought [bɔːt]	bought [bɔːt]
catch [kætʃ] 잡다	caught [kɔːt]	caught [kɔːt]
choose [tʃúːz] 고르다	chose [tʃouz]	chosen [tʃóuzn]
cling [kliŋ] 들러붙다	clung [klʌŋ]	clung [klʌŋ]

• come ~ freeze

원형	과거	과거분사
come [kʌm] 오다	came [keim]	come [kʌm]
cost [kɔːst] 비용이 들다	cost [kɔːst]	cost [kɔːst]
creep [kriːp] 기다	crept [krept]	crept [krept]
cut [kʌt] 자르다	cut [kʌt]	cut [kʌt]
deal [diːl] 다루다	dealt [delt]	dealt [delt]
dig [dig] 파다	dug [dʌg]	dug [dʌg]
do [du] 하다	did [did]	done [dʌn]
draw [drɔː] 그리다	drew [druː]	drawn [drɔːn]
drink [driŋk] 마시다	drank [dræŋk]	drunk [drʌŋk]
drive [draiv] 운전하다	drove [drouv]	driven [drívən]
eat [iːt] 먹다	ate [eit]	eaten [íːtn]
fall [fɔːl] 떨어지다	fell [fel]	fallen [fɔ́ːlən]
feed [fiːd] 먹이다	fed [fed]	fed [fed]
feel [fiːl] 느끼다	felt [felt]	felt [felt]
fight [fait] 싸우다	fought [fɔːt]	fought [fɔːt]
find [faind] 찾다	found [faund]	found [faund]
flee [fliː] 달아나다	fled [fled]	fled [fled]
fly [flai] 날다	flew [fluː]	flown [floun]
forbid [fərbíd] 금지하다	forbad(e) [fərbǽd]	forbidden [fərbídn]
forecast [fɔ́ːrkæst] 예상하다	forecast [fɔ́ːrkæst]	forecast [fɔ́ːrkæst]
forget [fərgét] 잊다	forgot [fərgát]	forgotten [fərgátn]
forgive [fərgív] 용서하다	forgave [fərgéiv]	forgiven [fərgívən]
freeze [friːz] 얼다	froze [frouz]	frozen [fróuzn]

• get ~ make

원형	과거	과거분사
get [get] 얻다	got [gɑt]	gotten [gɑ́tn]
give [giv] 주다	gave [geiv]	given [gívən]
go [gou] 가다	went [went]	gone [gɔːn]
grind [graind] 갈다	ground [graund]	ground [graund]
grow [grou] 자라다	grew [gruː]	grown [groun]
hang [hæŋ] 매달다	hung [hʌŋ]	hung [hʌŋ]
have [hǽv] 가지다	had [hǽd]	had [hǽd]
hear [hiər] 듣다	heard [həːrd]	heard [həːrd]
hide [haid] 숨다	hid [hid]	hidden [hídn]
hit [hit] 치다	hit [hit]	hit [hit]
hold [hould] 잡다	held [held]	held [held]
hurt [həːrt] 다치게 하다	hurt [həːrt]	hurt [həːrt]
keep [kiːp] 유지하다	kept [kept]	kept [kept]
kneel [niːl] 무릎을 꿇다	knelt [nelt]	knelt [nelt]
know [nou] 알다	knew [njuː]	known [noun]
lay [lei] 놓다	laid [leid]	laid [leid]
lead [liːd] 이끌다	led [led]	led [led]
leave [liːv] 떠나다, 남기다	left [left]	left [left]
lend [lend] 빌리다	lent [lent]	lent [lent]
let [let] (~하게) 두다	let [let]	let [let]
lie [lai] 눕다	lay [lei]	lain [lein]
lose [luːz] 잃다	lost [lɔːst]	lost [lɔːst]
make [meik] 만들다	made [meid]	made [meid]

• mean ~ shrink

원형	과거	과거분사
mean [miːn] 의미하다	meant [ment]	meant [ment]
meet [miːt] 만나다	met [met]	met [met]
mistake [mistéik] (~을) 틀리다	mistook [mistúk]	mistaken [mistéikən]
pay [pei] 지불하다	paid [peid]	paid [peid]
prove [pruːv] 증명하다	proved [pruːvd]	proven [prúːvən]
put [put] 놓다	put [put]	put [put]
quit [kwit] 그만두다	quit [kwit]	quit [kwit]
read [riːd] 읽다	read [red]	read [red]
ride [raid] (탈것을) 타다	rode [roud]	ridden [rídn]
ring [riŋ] (벨이) 울리다	rang [ræŋ]	rung [rʌŋ]
rise [raiz] 오르다	rose [rouz]	risen [rízn]
run [rʌn] 달리다	ran [ræn]	run [rʌn]
say [sei] 말하다	said [sed]	said [sed]
see [siː] 보다, 보이다	saw [sɔː]	seen [siːn]
seek [siːk] 찾다	sought [sɔːt]	sought [sɔːt]
sell [sell] 팔다	sold [sould]	sold [sould]
send [send] 보내다	sent [sent]	sent [sent]
set [set] (~을) 놓다	set [set]	set [set]
shake [ʃeik] 흔들리다	shook [ʃuk]	shaken [ʃéikən]
shine [ʃain] 빛나다	shone [ʃoun]	shone [ʃoun]
shoot [ʃuːt] 쏘다	shot [ʃɔt]	shot [ʃɔt]
show [ʃou] 보여주다	showed [ʃoud]	shown [ʃoun]
shrink [ʃriŋk] 줄다	shrank [ʃræŋk]	shrunk [ʃrʌŋk]

• shut ~ understand

원형	과거	과거분사
shut [ʃʌt] 닫다	shut [ʃʌt]	shut [ʃʌt]
sing [siŋ] 노래부르다	sang [sæŋ]	sung [sʌŋ]
sink [siŋk] 가라앉다	sank [sæŋk]	sunk [sʌŋk]
sit [sit] 앉다	sat [sæt]	sat [sæt]
sleep [sli:p] 자다	slept [slept]	slept [slept]
speak [spi:k] 말하다	spoke [spouk]	spoken [spóukən]
spend [spend] (돈, 시간을) 쓰다	spent [spent]	spent [spent]
spin [spin] 빙빙돌다	spun [spʌn]	spun [spʌn]
spit [spit] (침을) 뱉다	spat [spæt]	spat [spæt]
split [split] 쪼개다	split [split]	split [split]
spread [spred] 펴다	spread [spred]	spread [spred]
spring [spriŋ] 도약하다	sprang [spræŋ]	sprung [sprʌŋ]
stand [stænd] 서다	stood [stud]	stood [stud]
steal [sti:l] 훔치다	stole [stoul]	stolen [stóulən]
sting [stiŋ] 쏘다(벌이)	stung [stʌŋ]	stung [stʌŋ]
swim [swim] 수영하다	swam [swæm]	swum [swʌm]
take [teik] 잡다	took [tuk]	taken [téikən]
teach [ti:tʃ] 가르치다	taught [tɔ:t]	taught [tɔ:t]
tear [tɛər] 찢다	tore [tɔ:r]	torn [tɔ:rn]
tell [tel] 말하다	told [tould]	told [tould]
think [θiŋk] 생각하다	thought [θɔ:t]	thought [θɔ:t]
throw [θrou] 던지다	threw [θru:]	thrown [θroun]
understand [ʌndərstǽnd] 이해하다	understood [ʌndərstúd]	understood [ʌndərstúd]

• upset ~ write

원형	과거	과거분사
upset [ʌpsét] (~을) 뒤엎다	upset [ʌpsét]	upset [ʌpsét]
wake [weik] 깨어나다	woke [wouk]	woken [wóukən]
wear [wɛər] 입다	wore [wɔːr]	worn [wɔːrn]
weep [wiːp] 울다	wept [wept]	wept [wept]
win [win] 이기다	won [wʌn]	won [wʌn]
withdraw [wiðdrɔ́ː] (~을) 빼다	withdrew [wiðdrúː]	withdrawn [wiðdrɔ́ːn]
write [rait] (글을) 쓰다	wrote [rout]	written [rítn]

{ Be동사, Do동사, 몇몇 조동사의 부정형과 축약형 }

원형	부정형	축약형
is [s, z, ez ; íz]	is not	isn't
are [ər ; ɑːr]	are not	aren't
were [wər ; wːr]	were not	weren't
can [[kən ; kǽn]	cannot	can't
could [kəd ; kúd]	could not	couldn't
did [did]	did not	didn't
do [duː]	do not	don't
does [dəz ; dʌ́z]	does not	doesn't
had [d, ed, hed ; hǽd]	had not	hadn't
has [z, əz, həz ; hǽz]	has not	hasn't
have [v, əv, həv ; hǽv]	have not	haven't
shall [ʃəl ; ʃǽl]	shall not	shan't
should [ʃəd ; ʃúd]	should not	shouldn't
will [wəl ; wíl]	will not	won't
would [əd, wəd ; wúd]	would not	wouldn't

토마스의 착한 여행영어 ·포켓판·

착한 영어 시리즈 1

Pure and Simple Travel English

여행에서 경험할 수 있는 모든 영어가 여기에!
토마스가 겪은 흥미진진한 이야기와 여행 Tip
edu^{TV} 여행영어 방송 교재

MP3 무료다운
jinmyong.com

저자 | Thomas L. Frederiksen
번역 | Carl Ahn

(주)진영출판사

토마스와 앤더스의
영어 파파라치!

착한 영어 시리즈 2

도처에 널려있는 한국식 영어 오류들, 누가 좀 고쳐주세요!

- 동네 상점에서 공공기관의 안내문까지, 때론 황당하고 때론 부끄러운 영어실수들
- 간판, 표지판, 홍보물의 오류들로부터 영어를 쉽게 배우는 책!

저자 | Thomas & Anders Frederiksen
번역 | Carl Ahn

(주)진명출판사   www.jinmyong.com

토마스와 앤더스의

착한 1·2·3 쉬운 생활영어

착한 영어 시리즈 3

Pure and Simple Easy, Everyday English

한 단어, 두 단어, 세 단어로 말할 수 있는
간단한 표현들!

MP3 파일 무료 다운로드
www.jinmyong.com

저자 | Thomas & Anders Frederiksen
번역 | Carl Ahn

(주)진명출판사

토마스와 앤더스의

착한여행 영어일기

남미편

Pure and Simple English Travel Diary

착한 영어 시리즈 4

브라질, 아르헨티나, 칠레, 페루, 볼리비아
여행일기를 통해 어렵기만 했던 장문독해를 쉽고, 재미있게!

저자 | Thomas & Anders Frederiksen
번역 | Carl Ahn

(주)진명출판사

토마스와 앤더스의
착한 영문법
Pure and Simple Grammar

착한 영어 시리즈 5

토마스, 앤더스 두 영팝브로가 전하는 가장 쉽고 간단한 영문법 과외 노트!

한국에서 영어를 가르치며 터득한 영어 교육법 대공개!
간단하고 재미있는 문제풀이를 통한 쉬운 학습

저자 | Thomas & Anders Frederiksen
번역 | Carl Ahn

(주)진명출판사

토마스와 앤더스의
착한 생활영어

착한 영어 시리즈 6

Pure and Simple English Conversation

영어선생 토마스와 앤더스에게 **뉴욕 현장영어**를 배우자!
어떤 상황에서도 말할 수 있는 네가지의 표현들!
미국인들이 자주 사용하는 문장, 미국영어와 영국영어 비교표현!

MP3 무료다운
jinmyong.com MP3 CD

저자 | Thomas & Anders Frederiksen
번역 | Carl Ahn

(주)진명출판사

토마스와 앤더스의
착한 여행영어 회화
· 교재용 ·

착한 영어 시리즈 7

Pure and Simple Travel English Conversation

여행에서 경험할 수 있는 모든 영어가 여기에!
- 특별한 영어식 표현들과 문화 배우기
- 토마스와 앤더스가 겪은 흥미진진한 이야기와 여행 Tip

jinmyong.com   AUDIO CD

저자 | Thomas & Anders Frederiksen
번역 | Carl Ahn

(주)진명출판사

토마스와 앤더스의

착한 기초영어
Pure and Simple Beginner's English
첫걸음

착한 영어 시리즈 8

남녀노소 누구나 쉽고 재밌게!
- 책 한 권으로 기초 생활영어·문법·회화까지 한 번에!
- 토마스와 앤더스가 A, B, C부터 착하게 가르쳐 드립니다.

저자 : Thomas & Anders Frederiksen
번역 : Carl Ahn

MP3 무료다운
jinmyong.com

(주)진명출판사

토마스와 앤더스의
착한 미국영어회화

Pure and Simple Real American English

남녀노소 누구나 쉽고 재밌게!
- 미국인들이 즐겨 사용하는 관용어 회화들!
- 미국의 문화, 관습, 에티켓, 비속어 등 수록!

저자 | Thomas & Anders Frederiksen
번역 | Carl Ahn

착한 영어 시리즈 9

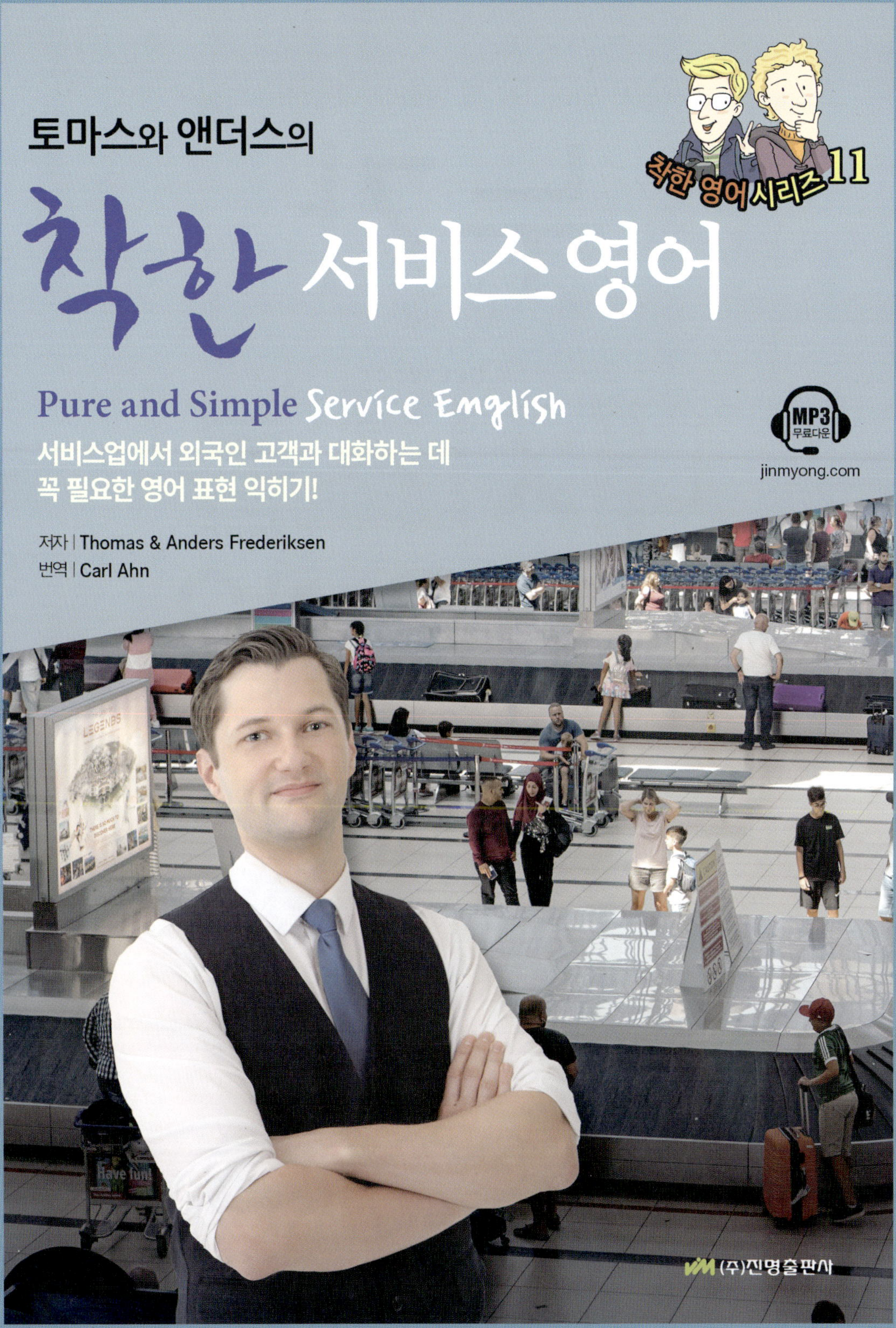

토마스와 앤더스의

착한 서비스 영어

착한 영어 시리즈 11

Pure and Simple Service English

서비스업에서 외국인 고객과 대화하는 데
꼭 필요한 영어 표현 익히기!

jinmyong.com

저자 | Thomas & Anders Frederiksen
번역 | Carl Ahn

(주)진명출판사

당신의 인생에서 일어나게 될 변화에 대응하는 확실한 방법!

누가 내치즈를 옮겼을까?

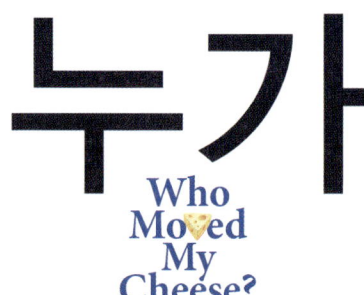

스펜서 존슨 지음 | 이영진 옮김

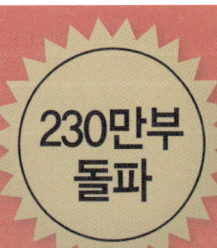
230만부 돌파

230만의 치즈가
이제 당신의 치즈가 됩니다.

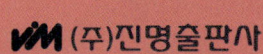
(주)진명출판사